Alkoholiker – Was nun?
Meine Sucht und das Wissen eines Therapeuten

AF285579

Widmung

Dieses Buch ist allen Angehörigen von Suchtkranken gewidmet.

Ein besonderer Dank gilt meiner Frau Regina, die mich immer so akzeptiert hat wie ich bin, in trockenen und nassen Zeiten, was bestimmt nicht immer einfach ist.

Markus Rack, Bernhard Krüger

Alkoholiker – Was nun?

Meine Sucht und das Wissen eines Therapeuten

Bibliografische Informationen der Deutschen Nationalbibliothek

Die Deutsche Nationalbibliothek verzeichnet diese Publikation in der deutschen Nationalbibliografic; detaillierte bibliografische Daten sind im Internet über http://dnb.d-nb.de abrufbar.

Herstellung und Verlag:
BoD - Books on Demand, Norderstedt
ISBN 978-3-8448-1112-4

Inhalt

Inhalt

Vorwort

Zu Anfang möchte ich mich mal so vorstellen wie man es vielleicht aus Filmen kennt.
Guten Tag, mein Name ist Markus Rack und ich bin Alkoholiker.
Damit sich das nicht so blöd anhört, werfe ich gleich ein „seit acht Jahren trocken und rauchfrei"hinterher. Was diese kurze Vorstellung alles beinhaltet, wird ihnen am Ende unseres Buches klar sein.

In diesem Buch wollen wir über die Krankheit Sucht informieren, den Weg in die Sucht schildern, uns in der Sucht eine Weile aufhalten um diese Krankheit besser verstehen zu können und dann umkehren zum Sucht freien Leben. Wir wollen aber auch dazu beitragen, Vorurteile abzubauen und für eine bessere Akzeptanz dieser Krankheit in unserer Gesellschaft werben.

Um diese komplexe Krankheit besser verstehen zu können, haben Bernhard Krüger der seit 15 Jahren als Suchttherapeut arbeitet (seine Ausführungen sind zur besseren Übersicht in Kursivschrift gedruckt) und ich beschlossen, gemeinsam ein Buch zu schreiben. Die langjährige Erfahrung eines Suchttherapeuten und die erlebte Sucht eines Alkoholikers soll etwas Licht in das Dunkel des Tabuthemas Sucht bringen.

Ein langes Suchtleben kurz zusammen gefasst

Als junger Bursche wollte ich immer frei sein und wollte tun und lassen was ich wollte. Mein damalige Vorstellung von Freiheit bestand allerdings darin, ständig Partys zu feiern. Das fing so mit 15 Jahren in der Schule an und steigerte sich dann mehr und mehr als mit 16 Jahren meine Lehrzeit begann. Mit 18 Jahren bin ich dann von zuhause ausgezogen, meine Freiheit war scheinbar perfekt.
Wer viel Party macht braucht auch viel Geld, also musste ich auch schon als Azubi viel nebenher arbeiten. Das Finanzamt möge mir verzeihen. Meine kriminelle Veranlagung war nicht besonders ausgeprägt deswegen finanzierte ich mich ausschließlich mit „ehrlicher Arbeit". Ist doch schon mal was.
Obwohl ich damals noch nicht süchtig war, wurde mein Lebensablauf doch schon sehr stark von Alkohol und Party gesteuert. Beides war für mich nicht trennbar.

Da ich nun mal auch ein zünftiger Bauarbeiter war, wurde natürlich auch auf der Baustelle das eine oder andere Bier geleert. Relativ schnell habe ich dann auch jeden Tag Bier getrunken, oft schon am Vormittag zum Vesper das erste. Da war nichts anstößiges dabei und keinen hat es gestört, obwohl ich noch so jung war. Wie dem auch sei, gezwungen hat mich auch niemand dazu. Aber ich fühlte mich doch schon sehr erwachsen, biertrinkend unter all diesen schwer arbeitenden Männern. Das ging dann ein paar Jahre so.

Es kam wie es kommen musste, so langsam entwickelte ich mich zum abhängigen Spiegeltrinker.

Wann der Zeitpunkt gekommen war? Keine Ahnung, kann ich nicht sagen. Die obligatorischen zwei Wochen ohne Alkohol, die wohl jeder kennt, wurden immer seltener, fielen dann ganz aus und als absolut unsinnig erklärt. Sie dienten doch nur dazu sein Gewissen zu beruhigen.

Biertrinken wurde zu einer Art Lebensphilosophie für mich und ich wollte gar nicht wissen was wäre wenn ich mal ein Tag keines trinken würde.
Den morgendlichen Flattermann konnte ich mir auch ziemlich lange schönreden. Doch irgendwann war es auch für mich klar, das Zittern wurde immer heftiger und das erste Bier zum Vesper um 9:00 Uhr war schon lange zu weit weg.
Na dann, hilft ja nichts, wird eben etwas früher angefangen, auf die zwei drei Stunden kommt es ja auch nicht unbedingt an.

Von da an war es endgültig vorbei, der Alkohol bestimmte nun offiziell wo es lang geht. Jetzt musste die Geschichte geplant werden, denn vor 9:00 Uhr zu trinken war auch auf dem Bau nicht unbedingt normal.
Man sollte meinen ich wäre jetzt soweit, einzusehen, dass es so nicht weitergehen kann, weit gefehlt. Eine gute Organisation ist alles. Und so ging es eben munter noch ein paar Jahre weiter und mir ging es nicht wirklich schlecht dabei. Ich machte meine Arbeit und belohnte mich kräftig dafür mit Alkohol. Mein Speiseplan war auch längst durch härtere Getränke wie Baccardi, Wodka, Wein und Kognak erweitert worden.
Da ich ja eine recht hohe „normale Trinkmenge" als gestandener Mann und hard working people hatte, musste ich bis dato nur einen Teil meines Spiegels

heimlich trinken. Das ging auch lange Zeit ganz gut und meine Gewissensbisse hielten sich in Grenzen.

Aus logistischen Gründen musste ich irgendwann morgens von Bier auf Kognak umsteigen um meine Grundversorgung zu gewährleisten. Mein notwendiger Spiegel war inzwischen so hoch, das war mit ein oder zwei Bier vor der Arbeit nicht mehr zu machen.
Die Ära der Flachmänner begann. Eine hervorragende Erfindung für uns Alkoholiker, passen gut in die Taschen und lassen sich, sind sie erst mal geleert, schnell und unauffällig in jedem Gebüsch und hinter jedem Mauervorsprung entsorgen.

Kürzen wir das ganze mal ein wenig ab. Ich war mittlerweile selbständig und bin mit meinem LKW rückwärts auf ein anderes Fahrzeug aufgefahren. Der gute Mann hat die Polizei gerufen und die ließen mich in den Alkomaat pusten. 3,1 Promille es war 11:30 Uhr, der Restalkohol denn ich noch hatte und drei Bier ergaben diesen erschreckenden Wert. Die Polizei war sich sicher, dass ihr Gerät defekt ist und veranlassten eine Blutprobe, die den Wert allerdings bestätigte. Meine Frau war in Reha nach einem Schlaganfall, ich ohne Führerschein und auf einem Alkoholspiegel, der selbst mir Angst machte.

Das alles war der Anlass zur Suchtberatung zu gehen. Der Suchtberater erklärte mir alles und ich dachte der spinnt. Hat er doch tatsächlich gesagt ich dürfe mein Leben lang keinen Alkohol mehr trinken. Stationäre Entgiftung........, kommt ja gar nicht in Frage......., da habe ich ja gar keine Zeit dazu ich bin ja selbstständig........., das geht gar nicht.

11

Doch plötzlich ein Hoffnungsschimmer, er erwähnte am Rande, dass es nur ganz ganz wenige Menschen gibt, die irgendwann wieder kontrolliert trinken können. Na also geht doch.

Als ich da rausging, war ich fest davon überzeugt, dass ich zu dieser Schar Auserwählten gehöre.

Was danach kam, kann sich jeder denken.

Meine Frau hatte wieder Hoffnung gefasst, dass es diesmal besser wird, ich habe mir einen Kasten alkoholfreies Bier gekauft und leergetrunken. Dazu hatte ich eine Packung Tabletten gegen Stimmungsschwankungen gefuttert. Die Tabletten gab es von der Suchtberatung verschrieben und sollten eine Woche reichen. In zwei Tagen war das alkoholfrei Bier und die Tabletten weg und Plan B folgte, das „Kontrollierte Trinken". Am dritten Tag war alles wieder beim alten und nach einer Woche gab ich auf und beschloss, mich zu Tode zu saufen, da es das einzige war was ich konnte.

Ich war auf dem Höhepunkt meiner Säuferkarriere angekommen.

Warum wird man süchtig und ab wann ist man es?

Ja, warum wird man süchtig, das ist wohl die Frage aller Fragen beim Thema Sucht. Ich habe mir mal eine Zeitlang sehr viele Gedanken darüber gemacht warum ich süchtig geworden bin und einige meiner Freunde nicht, obwohl sie scheinbar das gleiche Trinkverhalten hatten. Ich habe es nicht herausgefunden, aber ich weiß heute, dass es nicht wichtig ist warum es andere nicht geworden sind. Wichtig ist, warum ich es geworden bin und was ich tun kann damit ich es nicht mehr werde.

Am Anfang meiner Trockenheit habe ich das Thema „warum" überhaupt nicht behandelt, ich sagte mir es ist wie es ist und ich muss meine ganze Kraft dafür einsetzen nicht mehr zu trinken. Das Buch zumachen und ein Neues anfangen, was gewesen ist , soll auch gewesen bleiben.

So einfach ist das aber nicht, ich wurde meine Träume über das Trinken nicht los, wachte nachts auf mit Herzklopfen und Schuldgefühlen wegen vergangener Sachen.
Das waren manchmal ganz banale Dinge. Mir fielen vergangene Gespräche ein und ich schämte mich der Antworten die ich damals gegeben hatte. Ich dachte darüber nach welche Wendungen das Gespräch genommen hätte, wenn ich damals schon die Chance gehabt hätte so zu Antworten wie ich es heute tun würde. Aber auch schwerwiegende Dinge, Gedanken was ich meiner Frau, meiner Familie und meinen Freunden zugemutet hatte.

Viele Schuldgefühle kamen natürlich auch allein wegen der Tatsache auf, dass ich überhaupt getrunken hatte. So wurde mir irgendwann klar, dass ich mich mehr mit dem „warum" befassen musste.
Ich hatte bis dahin alles für mich so dargelegt, dass alles aus meiner Lebensfreude und Partyphilosophie heraus entstanden war. Je ehrlicher ich mich mit mir selbst beschäftigte desto mehr kamen Dinge zu Tage, die nicht mehr so dem Sunnyboy entsprachen den ich in meinen jungen Jahren gegeben hatte.

Schüchternheit war auf einmal ein Thema, Überforderung und Versagensängste.

Hat Sucht vielleicht etwas mit Faulheit zu tun? Es ist wesentlich einfacher, seine Glückshormonausschüttung von einem Suchtmittel steuern zu lassen, als Verantwortung für sein Leben zu übernehmen und ein Konzept zu entwickeln das dazu beiträgt auf natürlichem Wege glücklich zu sein und das Leben genießen zu können. Ist Sucht doch vielleicht vererbbar und meine Gene waren Schuld daran? Ein schöner Gedanke, alles auf die Gene schieben zu können.

Dann bestände im Zeitalter der Genmanipulation Hoffnung auf Heilung für alle Süchtigen. Die Schuldfrage wäre geklärt.

Im Verlauf dieses Buches wird irgendwann das Wort Schuld in Verbindung mit der Krankheit Sucht nicht mehr auftauchen und es wird sich auch klären warum.

Ich habe mal irgendwo etwas über ein neurobiologisches Modell und psychodynamische Hintergründe der Sucht gelesen. Alles was da stand war einleuchtend und auch relativ gut erklärt, wäre ich aber nicht schon mal süchtig gewesen, ich hätte es nicht verstanden. Ich habe mir dann auch nur zwei Sätze von dem ganzen gemerkt. „ Nicht die Droge sucht den Menschen, sondern der Mensch sucht die Droge". Leider weiß ich nicht mehr wo genau ich das gelesen habe, der Verfasser möge mir verzeihen, dass ich hier sein geistiges Eigentum verwende ohne ihn zu erwähnen.

In diesem Satz wird deutlich, dass es sehr viele Dinge sind die dazu führen süchtig zu werden, alleine das Suchtmittel zu konsumieren reicht alleine nicht aus.

Dazu gehören all die Dinge, die ich schon genannt habe. Zu meiner Frage, warum einige meiner Freunde nicht süchtig geworden sind aber ich, passt der zweite Satz. „....weil Abhängige niemals wirklich unabhängig waren".

Vielleicht hatten aber auch viele der Menschen mit denen ich gefeiert hatte einfach nur Glück nicht auch süchtig zu werden und ich war eben der Pechvogel.
Wahrscheinlich waren alle bisher erwähnten und viele noch unerkannten Dinge mitverantwortlich an dem ganzen Entstehen der Krankheit.
Ich habe mir sicherlich viele Sachen zugemutet, für die ich noch nicht reif genug war. Beruflich, aber auch Privat. Meine Selbstsicherheit und Unbekümmertheit, die ich nach außen ausstrahlte war oft nur Fassade.
Der Alkohol machte mich stärker als ich wirklich war. Ich hatte großes Selbstvertrauen und traute mir fast alles zu. Erst viele Jahre später fiel das künstlich geschaffene Lebenskonstrukt aus falscher Stärke, falschem Selbstvertrauen und wenig Sinnvollem Inhalt nach und nach in sich zusammen.
Die Schwierigkeit an dieser Situation lag darin, zu erkennen seine angebliche Stärke und das Selbstvertrauen verloren zu haben aber dennoch daran festzuhalten das Scheinbild nach außen zu erhalten.

Dazu muss man sich zuerst selbst anlügen, die Situation schön reden, alles Schlechte verdrängen. Das heimliche Trinken begann, damit niemand merkte wie hoch mein Alkoholspiegel tatsächlich war. Eine lange Zeit des Versteckens und des Lügens lag nun vor mir. Der Alltag bestand daraus Vorräte anzulegen, Vorräte zu verstecken und zu trinken. Zu arbeiten und versuchen das Leben wie normale Menschen zu meistern ohne entdeckt zu werden. Zu denken es nicht zu schaffen, trinken. Sich am Ende des Tages durch trinken belohnen, Ausreden erfinden für alles Mögliche, trinken und sich schließlich vom Trinken wieder halbwegs erholen um am nächsten Tag dasselbe wieder zu tun.

Ich werde nie das Gefühl vergessen das ich hatte als ich gelegentlich beim heimlichen trinken ertappt wurde. Sehr große Scham und nicht wissend was gerade schneller arbeitet, das Herz das schlägt wie verrückt oder das Gehirn das rattert und sich überlegt wie die Situation zu retten ist.
Meistens war die Reaktion Flucht, Aggression oder beides.
Ab wann ist man jetzt süchtig? Es gibt natürlich einen festgelegten medizinischen Wert der Weltgesundheitsorganisation.

Für viel wichtiger halte ich jedoch das Trinkverhalten. Wenn ich den Alkohol dazu benutze eine bestimmte Wirkung zu erzielen, um zu entspannen, zu vergessen, um Stress abzubauen, um mich zu belohnen oder ähnliche Dinge, das so genannte Wirkungstrinken.
Wie oft kreisen meine Gedanken um Alkohol, überschreite ich öfter mein selbst auferlegtes Trinklimit.
Dass ich süchtig war, wusste ich spätestens als ich ohne was zu trinken morgens das große Zittern bekam.
Nein das stimmt nicht, ich wusste es schon lange vorher, ich habe es mir nur nicht eingestanden.
Das Verdrängen von Tatsachen gehört eben auch zum Krankheitsbild. So nach und nach verliert man sich dann in dieser eigens geschaffenen Lügenwelt und

verliert immer mehr den Bezug zur Realität.

Die Krankheit hat typische Phasen, die bei allen Suchtkranken die ich kenne (und das sind bestimmt nicht wenige) gleich waren, mal mehr und mal weniger ausgeprägt.

Zuerst kommt immer der Widerstand und die Abwehr, wenn man darauf angesprochen wird. Sätze wie: „Ich habe doch kein Problem" oder „ich kann jederzeit aufhören", gehören da dazu.

Dann kommt eine Phase in der man sich einsichtig zeigt, sich rechtfertigt und die „guten Gründe" aufzählt warum man trinkt.

Danach geht das kämpfen los, „ich werde es schon schaffen, ich brauch dazu doch keine Hilfe". Schließlich kommt die entscheidende Phase, in der man kapituliert, sich eingesteht das man es ohne Hilfe nicht schafft und alles keinen Sinn mehr hat. Diese letzte Phase wird im Kapitel **Warum hört man nicht einfach auf, die Sache mit der Willenskraft** noch mal genauer durchleuchtet.

Der Weg in die Sucht:

Bei den meisten Abhängigen vergeht ein langer Zeitraum der Sorglosigkeit. Es ist kein eigenes Problembewusstsein vorhanden. Es kann an fehlenden Eigenschaften zur Stressbewältigung liegen, genauso können soziale und kulturelle Faktoren eine Rolle für die Entstehung einer Sucht spielen. Traumatisierungen in der Vergangenheit können mögliche Ursachen hierfür sein genauso wie vererbliche also genetische Faktoren. Als weitere Ursache für eine Alkoholabhängigkeit gilt auch der frühzeitige Beginn

17

des Konsums. Hier richtet sich der Blick auf das Jugend- oder sogar Kindesalter.

Was bedeutet Sucht und Abhängigkeit?

Nun möchte ich gerne mal erzählen, was Sucht für mich als Alkoholiker bedeutet.

Sucht bedeutet für mich **gefangen** zu sein, gefangen vom Alkohol, der den Tag und
die Nacht bestimmt.

Sucht bedeutet für mich ein **Versager** zu sein, es bedeutet dieses Gefühl immer aufs
Neue zu bestätigen und zu verstärken, Schluck für Schluck und Hunderte male am
Tag.

Sucht bedeutet für mich **Scham**, Scham gegenüber den Menschen die ich liebe und
die mir wichtig sind. Scham gegenüber Menschen die ich gar nicht kenne, Scham gegenüber allem und jedem und Scham vor mir selbst.

Sucht bedeutet für mich **verstecken**, heimlich zu trinken, nachts heimlich aufzustehen wenn der Alkoholpegel sinkt und der Körper Nachschub fordert. Mich verstecken vor der Öffentlichkeit wenn ich betrunken bin oder noch gar nichts getrunken habe. Meine Hände verstecken wenn sie zittrig sind. Den Alkohol verstecken um den notwendigen Vorrat zu gewährleisten um den Entzug zu vermeiden.

Sucht bedeutet für mich ein **Lügner** zu sein, der seine Partnerin anlügt, der alle Menschen die er kennt und nicht kennt anlügt, der sich selbst am meisten und am skrupellosesten anlügt.

Sucht bedeutet für mich **Schmerzen** zu haben, sich morgens die Eingeweide auszukotzen obwohl der Magen schon längst leer ist oder auch schon lange nicht mehr voll war. Würgen bis man denkt die Augen fliegen einem raus und man dann irgendwann bittere grüne Gallenflüssigkeit kotzt. Schmerzen bis der erste Schluck nach dem dritten oder vierten mal endlich drin bleibt . Wenn man zu wenig Alkohol hat, kann man es sich nicht leisten, den wertvollen Schluck wieder auszukotzen da sonst die Entzugserscheinungen einsetzen. Also immer wieder runterschlucken, bis es drinnen bleibt und wenn es noch so ekelig ist.

Sucht bedeutet für mich **Hoffnungslosigkeit**, immer darüber nachdenken wie man sich am besten umbringt um die anderen von sich zu befreien. Zerfließen in Selbstmitleid und es schließlich auszuprobieren um dann festzustellen, dass man sogar zu blöde ist sich umzubringen.

Sucht bedeutet für mich **Angst**, hauptsächlich die Angst, entdeckt zu werden. Angst, dass das entwickelte Lügenkonstrukt, das zum Leben geworden ist zusammenbricht.
Natürlich auch ganz viele „Banale" Ängste, wie die Angst um den Führerschein bei jeder Autofahrt. Angst auf einem Amt was zu unterschreiben oder bei einem Geburtstag Suppe essen zu müssen wenn man zittrig ist. Angst, dass die Alkoholmenge, die man

vorgetrunken hat nicht ausreicht. So könnte ich noch Stunden lang weitermachen.

Sucht bedeute für mich große **Anstrengung**. Alkohol besorgen, Vorrat anlegen, konsumieren, so gut es geht sich vom Konsum erholen und dann das ganze wieder von vorne. Trotz all dem genannten sollte man noch so ganz nebenbei den normalen Alltag meistern und sich nichts anmerken lassen, wie ein normaler Mensch.

Wenn ich mir im nach hinein überlege, wie viel Kraft und Kreativität ich aufwenden musste um mein Suchtleben zu organisieren, wird mir ganz schwummerig.

Ich habe meine Sucht überwunden und meine Krankheit im Griff. Wohl wissend, dass auch bei mir die Gefahr eines Rückfalles immer bis an mein Lebensende präsent sein wird. Die Sucht blieb natürlich nicht ohne Folgen. Körperlich habe ich das ganze ganz gut überstanden, auch meine Fettleber hat sich im Laufe der Jahre wieder normalisiert, dafür bin ich sehr dankbar.

Die psychischen Schäden sind leider durch Medikamente nicht behandelbar. Diese Heilung oder vielmehr das Management der chronischen Krankheit findet auf der Verhaltensebene statt. Das ist gemeint wenn man sagt, man muss sein Leben ändern. Dies erfordert eine gehörige Portion Geduld und eine Menge Arbeit. Arbeit, die aber auch Spaß machen kann.

Es kann Spaß machen das Leben neu zu lernen und zu erkennen, dass man viele Sachen selbst ein wenig in die richtigen Bahnen lenken kann. Man kann die Krankheit nicht heilen, deswegen muss man sich damit

arrangieren und ein Lebenskonzept entwickeln indem die Krankheit einen Platz hat und sein ständiger Begleiter sein darf.
Übrigens ist das bei Diabetes oder vielen Allergien nicht anders.

Einer Sucht verfallen zu sein bedeutet keine Kontrolle mehr über das eigene Handeln zu haben. Der Druck des Suchtmittels ist so groß, dass sich alles nur noch darum dreht sich das Suchtmittel zu beschaffen und somit den Suchtdruck zu lindern. Die ganze Sache ist also außer Kontrolle geraten. Selbst das Wissen, dass die Folgen eines weiteren Konsums schädlich sind und denjenigen immer weiter schädigen werden, hindert ihn nicht daran es sein zu lassen.
Unternehmungen in der Freizeit werden unterlassen, da es wichtiger wird dem Suchtdruck nachzugeben. Selbst Termine werden abgesagt oder einfach nicht mehr wahrgenommen, da dadurch der Konsum unterbrochen wird und die ersten Entzugserscheinungen auftreten würden. Diese müsste nicht einmal besonders ausgeprägt sein. Schwitzen und Unruhe reichen schon aus.

Zur Sucht gehört aber auch die Steigerung der Menge im Laufe der Zeit. Dies habe ich bereits unter dem Begriff

Toleranzsteigerung in einem vorherigen Kapitel erklärt.

Zudem ist noch wichtig, dass Alkohol eine psychotrope Wirkung besitzt. Dies bedeutet kurz gesagt, dass es auf die Psyche wirkt.

Wissenschaftlich versteht man unter süchtigem Verhalten bzw. einer Abhängigkeit nach den Klassifizierungsrichtlinien ICD-10:

Eine Gruppe von verhaltens-, kognitiven und körperlichen Phänomenen, die sich nach wiederholtem Substanzgebrauch entwickeln. Typischerweise besteht ein starker Wunsch, die Substanz einzunehmen, Schwierigkeiten, den Konsum zu kontrollieren, und anhaltender Substanzgebrauch trotz schädlicher Folgen. Dem Substanzgebrauch wird Vorrang vor anderen Aktivitäten und Verpflichtungen gegeben. Es entwickelt sich eine Toleranzerhöhung und manchmal ein körperliches Entzugssyndrom.

Das Abhängigkeitssyndrom kann sich auf einen einzelnen Stoff beziehen (z.B. Tabak, Alkohol oder Diazepam), auf eine Substanzgruppe (z.B. opiatähnliche Substanzen), oder auch auf ein weites Spektrum pharmakologisch unterschiedlicher Substanzen.

Im Gegensatz zur Abhängigkeit wird von *Missbrauch von Alkohol gesprochen, wenn zu unpassenden Gelegenheiten wie beispielsweise beim Autofahren oder während der Arbeit getrunken wird. Weiter kann ein Missbrauch von Alkohol vorliegen, wenn bis zum Rausch oder zur Besserung eines gestörten seelischen Befindens als so genannter Seelentröster getrunken wird. Ebenso kann ein Missbrauch vorliegen wenn langfristig übermäßig Alkohol getrunken wird.*

Alkoholwirkung
Alkohol gelangt zunächst über die Speiseröhre in den Magen und danach in den Dünndarm. Magen- und Darmschleimhaut nehmen durch feinste Blutgefäße den Alkohol auf. Der Alkohol wird daraufhin in wenigen Sekunden in den ganzen Körper und in das Gehirn transportiert.

20% der getrunkenen Menge wird über die Magenschleimhaut aufgenommen und direkt in den Blutkreislauf abgegeben.

80% wird über die Darmschleimhaut direkt in den Blutkreislauf abgegeben.

Da Alkohol fettlöslich ist, überwindet er mühelos die Blut-Hirnschranke, die für den Schutz vor Eindringen von Giftstoffen, hier dem Alkohol, zuständig ist. Dies macht Alkohol zu einem besonders gefährlichen Suchtmittel. Geringe Mengen hochprozentigem Alkohol können tödlich wirken.

Fünf Minuten nach dem Alkoholkonsum beginnt der Alkoholspiegel zu steigen und erreicht nach ca. 30 Minuten seinen Höhepunkt. Danach wird er wieder abgebaut.

Beschleunigt wird die Aufnahme von Alkohol im Körper beispielsweise durch Kohlensäure, hier ist vor allem Sekt zu nennen. Weiter werden hochprozentige Alkoholika vom Körper schneller aufgenommen. Auch bei einem durch eine Operation verkleinerten Magens liegt eine beschleunigte Alkoholaufnahme vor.

Verlangsamt wird die Alkoholaufnahme durch fettreiche Speisen wie Milch, Speiseöl, Nüsse, Oliven, Sardinen usw.

Wirkungsweise von Alkohol
Die Wirkungsweise des Alkohols im Gehirn ist wissenschaftlich noch nicht genau erforscht. Nachgewiesen ist jedoch, dass Alkohol wie auch andere berauschende Mittel über hemmende und aktivierende Botenstoffe, den so genannten Neurotransmittern zwischen den Nervenzellen in das

Belohnungssystem des Gehirns eingreifen. Der Alkohol wirkt in diesem Sitz aller Lust und Unlustgefühle zweifach:

1. es entsteht eine sofortige, stark angenehme Wirkung von relativ kurzer Dauer, da diese nur während des Ansteigens des Alkoholspiegels durch vermehrte Ausschüttung von Endorphinen (Glückshormone) anhält. Die Wirkung kann beruhigend, entspannend, schmerzlindernd, enthemmend, stimmungsaufhellend sein. Diese positiven Hauptwirkungen stellen gleichzeitig die Trinkmotive dar.

2. bei sinkendem Alkoholspiegel entsteht eine langsame, eher unangenehme Wirkung von relativ langer Dauer. Diese unangenehme Wirkung wird durch das beim Alkoholabbau entstehende, äußerst giftige Zwischenprodukt Acetaldehyd verursacht. Verbunden mit Adrenalin führt es zu mangelnden Ausschüttung von Endorphinen. Dieser Mangel wird als unangenehm erlebt und daher als unangenehme Nebenwirkung beschrieben. Solche Nebenwirkungen sind Unruhe, Gereiztheit, Verstimmungen, Kater usw. Entzugserscheinungen können verstärkt durch den Abbau von Methanol entstehen.

Als Suchtmittel wird Alkohol bezeichnet, da es ein Stoff ist, der nach einer angenehmen

Hauptwirkung eine unangenehme Nebenwirkung erzeugt, die durch erneute Einnahme der Substanz gestoppt werden kann. Dies kann als Teufelskreis bezeichnet werden.

Gleichzeitiger Alkohol- und Medikamentenmissbrauch

Zwischen Alkohol und Medikamenten gibt es viele Gemeinsamkeiten hinsichtlich der Aufnahme und des Abbaus im Körper. Deshalb kann eine gleichzeitige Einnahme von Alkohol und Medikamenten unvorhersehbare Konsequenzen haben:

- ⊕ **Kreuztoleranz:** Alkoholiker sind aufgrund der Toleranzsteigerung meistens auch unempfindlich gegenüber Schmerz-, Beruhigungs- und Schlafmitteln. Es besteht die Gefahr eines erhöhten Medikamentenkonsums. [11]
  Auch Narkosemittel vor Operationen können aufgrund einer bestehenden Kreuztoleranz falsch dosiert werden.

- ⊕ **Gegenseitige Abbaublockaden:** Abbaumöglichkeiten in der Leber blockieren sich gegenseitig. Evtl. entsteht eine akute Lebensgefahr.

Die Wechselwirkungen zwischen Medikamenten und Alkohol sind bisher wenig erforscht. Es gilt aber, dass eine *gleichzeitige Einnahme von Medikamenten mit Alkohol nicht erfolgen soll.*

Gesundheitliche Schädigungen durch die Sucht
Körperliche Folgeschäden [12]
Alkohol wirkt auf den gesamten Organismus zuallererst als schädigendes Zellgift. Bei einem täglichen Konsum ab ca. 40g Alkohol ist das Auftreten von zerstörerischen Auswirkungen auf den menschlichen Körper gegeben.

Zur Information: 40 g Alkohol sind ungefähr in 1 Liter Bier oder 0,37 Liter Wein enthalten.

Die Weltgesundheitsbehörde (WHO) hält eine Menge von 0,7 g Alkohol täglich für unbedenklich. Dies sind je nach Alkoholgehalt ungefähr 0,25 Liter Bier.

Die Schwierigkeit einer Vielzahl von Schädigungen dem Alkohol zuzuschreiben, besteht aus dem Grund der zeitlichen Verzögerung der Schädigung sowie dem häufig auch in anderen Bereichen ungesundem Lebensstil. Hierzu gehören

Rauchen, schlechte Ernährung, mangelnde Bewegung, Stress usw.
Die am häufigsten auftretenden körperlichen Folgeschäden werde ich nachfolgend kurz beschreiben.

Erkrankung des Nervensystems:
Das Zentralnervensystem wird besonders häufig und intensiv durch Alkohol geschädigt. Es besteht aus dem Gehirn und dem Rückenmark mit ca. 100 Milliarden Nervenzellen. Dieses Zentralnervensystem überträgt die Informationen zwischen Gehirn und Körper.

Gehirn
Alkohol erreicht im Körper fast jede Zelle. Das Gehirn mit seiner starken Durchblutung und seinem hohen Energieumsatz ist durch Schäden des Alkohols am meisten betroffen. Durch den Alkoholkonsum besteht die Gefahr des Sauerstoffmangels. Bei jedem Rausch sterben Gehirnzellen ab, die sich nicht wieder regenerieren. Dadurch nimmt das Gehirnvolumen und somit auch dessen Leistungsfähigkeit ab. Der Gehirnschwund wird oft erst nach längerer Zeit für andere bemerkbar.

Organisches Psychosyndrom
Störungen im Groß- und Zwischenhirn machen sich in geringer Hirnleistungsfähigkeit, reduzierter Merk-

und Gedächtnisfähigkeit, geringer Auffassungsgabe, nachlassender Kritikfähigkeit bis hin zur Wesensveränderung wie beispielsweise einer Gefühlsabstumpfung bemerkbar.

Ausfälle im Bereich des Kleinhirns zeigen sich an steifen und unbeholfenen Körperbewegungen, Gangunsicherheit, wenig Bewegung im Gesichtsausdruck, undeutlich verwaschene Sprache sowie zitternde Hände.

Delirium tremens/ Krampfanfälle

Diese treten vor allem im Alkoholentzug als extreme Form von Hirnfunktionsstörungen bei ca. 15% der Alkoholabhängigen auf. Falls diese nicht notfallmäßig behandelt werden enden schätzungsweise 20% davon tödlich.

Anzeichen auf ein Delirium tremens können auch Sinnestäuschungen wie beispielsweise das Sehen von weißen Mäusen oder das Hören von Stimmen sein. In der Fachsprache werden diese Wahrnehmungstäuschungen optische und akustische Halluzinationen genannt. Weitere Anzeichen für ein Delirium tremens können auch eine starke körperliche Unruhe oder ein Kreislaufkollaps sein.

Auch epileptische Anfälle treten bei ca. 25% der Alkoholabhängigen auf. Diese schlagartige Bewusstlosigkeit mit Verletzungsgefahr beim Sturz geht einher mit krampfendem Körper und wird durch kurzen Atemstillstand begleitet. Hierbei kommt es oft zu Zungenbissen oder Schaumbildung vor dem Mund. Nach dem Anfall kann sich der Betroffene in der Regel nicht mehr an diesen erinnern.

Korsakow-Syndrom

Hierbei handelt es sich weitgehendst um einen Orientierungs- und Gedächtnisverlust. Dieser Zustand bildet sich auch bei Einhaltung einer völligen Abstinenz nicht mehr zurück. Der Betroffene muss oftmals aufgrund seiner Hilflosigkeit lebenslang in einer Psychiatrie oder in einer Spezialklinik untergebracht werden.

Nerven

Alkohol schädigt direkt die Nervenbahnen, dadurch kann eine Polyneuropathie entstehen. Hierunter versteht man Erkrankungen des Nervensystems außerhalb des zentralen Nervensystems (Gehirn und Rückenmark). Typische Beschwerden sind Schmerzen in den Beinen, Kribbeln und Einschlafen der Extremitäten, Gangunsicherheit, Druckempfindlichkeit und Lähmungserscheinungen.

Bei einer nicht gänzlichen Schädigung der Nerven bestehen nach längerer Abstinenz gute Heilungschancen.

Verdauungsapparat

Durch Alkohol kann der gesamte Verdauungsapparat vom Mund über die Speisröhre, den Magen bis zum Darm deutlich geschädigt werden.

Mundschleimhaut und Kehlkopf

Alkohol führt zu einer Reduktion der Speichelsekretion und zu Entzündungen der Schleimhaut der Zunge, des Mund- und Rachenraums sowie der Speiseröhre. Durch Verschlechterung der Muskulaturbewegung der unteren Speiseröhre kann es zu einem Rückfluss von Sekret aus dem Magen in die Speiseröhre führen. Hierdurch kann es zur Entstehung des Barrett-Syndroms kommen. Unter Barrett-Syndrom versteht man eine entzündliche Veränderung bzw. Verengung der Speiseröhrenschleimhaut.

Magenschleimhautentzündung und Magengeschwür

Magenschleimhautentzündungen sowie Magengeschwüre können schwere Blutungen mit sich bringen. Alkohol verändert die Darmflora und begünstigt das Auftreten von Bakterien die meist für Magengeschwüre verantwortlich sind. Oftmals ist in diesem fortgeschrittenen Stadium eine Magenresektion, die operative Entfernung eines Teils des Magens, erforderlich. Dies wiederum bringt durch den jetzt kleiner gewordenen Magen eine Verringerung der Alkoholverträglichkeit mit sich.

Neben Alkohol begünstigt auch Stress das Auftreten von Magengeschwüren.

Somit lässt sich durch günstige Problembewältigungsverfahren sowie Alkoholabstinenz einer Magenschleimhautentzündung bzw. einem Magengeschwür vorbeugen.

Darm

Geringe Mengen Alkohol von ca. 1 Liter Bier täglich erhöhen das Risiko an Darmkrebs zu erkranken um das 2-3fache, da sich die Zellen im Mastdarm sehr schnell erneuern können, ist er für bösartige Wucherungen recht anfällig.

Der Dünndarm kann viele lebenswichtige Stoffe wie Eiweiß, Vitamin A und C nicht mehr aufnehmen und dies führt somit zu Störungen in Hirn und Nerven.

Bauchspeicheldrüse

Die Bauchspeicheldrüse produziert Verdauungsfermente, die Nahrung resorptionsfähig machen. Durch Alkoholkonsum kann sich der Ausführungsgang durch Ablagerungen verengen oder ganz verschließen. Als chronisches Leiden kann Speisenunverträglichkeit in Form von Diabetes auftreten, die eine strenge Diät erfordert. Im schlimmsten Fall kann eine lebensbedrohende Selbstverdauung der Bauchspeicheldrüse auftreten. Heftige Bauchschmerzen mit Ausstrahlung in den Rücken können Symptome für eine Bauchspeicheldrüsenentzündung sein.

Leber
Die Leber wird durch Alkoholmissbrauch immer geschädigt. Diese Schädigung kann in den nachfolgend aufgeführten drei Stadien verlaufen:

Fettleber
Der kalorienreiche Alkohol wird in Form von Fett in den Leberzellen eingelagert. Durch Schädigung der Leberstruktur kann der Abtransport der Fette behindert werden und die Leber dadurch das doppelte Volumen erreichen. Die Leber kann sich nach längerer Abstinenz wieder regenerieren.

Leberentzündung
Beim Abbau des Alkohols in der Leber entsteht Acetaldehyd als Zwischenprodukt beim Abbau von Ethanol durch die sogenannte Alkoholdehydrogenase. Dieses Acetaldehyd ist für das Absterben von Leberzellen verantwortlich. Es kann Entzündungen der Leber hervorrufen und mit schmerzhaften Oberbauchbeschwerden einhergehen. Als schwere Verlaufsform der Leberentzündung gilt Hepatitis. Bei längerer Abstinenz kann

sich die Leber wieder erholen, sie bleibt jedoch weniger belastbar.
Acetaldehyd ist auch für den Kater am nächsten Morgen verantwortlich.

Leberzirrhose

15 % der Alkoholabhängigen entwickeln die schwerstwiegende Form der Schrumpfung und Vernarbung des Lebergewebes. Diese Schädigung ist nicht reversibel. Dies bedeutet, dass es hier keine Erholung der Leber mehr gibt. Die Folgen sind eine deutliche Toleranzminderung beim Konsum von Alkohol. Dies bedeutet, dass geringe Mengen bereits zu einem verstärkten alkoholisierten Zustand führen. Weitere Folgen können Hämorrhoiden sowie Krampfadern in der Speiseröhre sein, die zu lebensbedrohlichen Blutungen führen können.
Die Leberzirrhose ist die achthäufigste Todesursache in Deutschland. Die Betroffenen sterben letztendlich an der fortschreitenden Selbstvergiftung ihres Körpers.

Alkoholabbau in der Leber

Alkohol wird in der Leber in zwei Phasen mit Hilfe von Enzymen abgebaut. In einer ersten Phase wird der Alkohol durch das Enzym Alkoholdehydrogenase (ADH) in Azetaldehyd abgebaut. Azetaldehyd ist sehr giftig und für Schädigungen durch Alkoholmissbrauch im ganzen Körper verantwortlich. Es greift die Zellmembranen an und verursacht zudem indirekte Schäden, indem es hemmend auf Enzymsysteme wirkt.

In einer zweiten Phase erfolgt der Abbau von Azetaldehyd in Azetat (Essigsäure) mit Hilfe des Enzyms Aldehyddehydrogenase (ALDH). Azetat wird anschließend in Azetyl-Koenzym A umgewandelt, das Ausgangsstoff für den Zitratzyklus, den Fettsäurezyklus und die Cholesterolsynthese ist.

Die Fettsäuresynthese wird durch Azetyl-Koenzym A gesteigert, was zur Anhäufung von Fettsäuren in der Leber und bei übermäßigem Alkoholkonsum zu einer Fettleber führen kann.

Alkoholabbau bei übermäßigem Alkoholkonsum: Nach übermäßigem Alkoholkonsum wird beim Abbau von Alkohol in Azetaldehyd ein weiteres Enzym aktiviert, die Mischfunktionelle Oxidase (MEOS). Dieser Prozess beginnt bereits bei Blutalkoholkonzentrationen von 0,5‰.

Die MEOS kann bis zu einem Viertel des Alkohols abbauen. Es wird angenommen, dass die MEOS für die Gewöhnung an Alkohol verantwortlich ist. Bei Personen, die regelmäßig große Mengen trinken, steht mehr von dem Enzym zur Verfügung. Der Alkohol wird dadurch schneller in Azetaldehyd abgebaut, und es braucht mehr Alkohol, um eine berauschende Wirkung zu erzeugen.

Diese Gewöhnung hat aber keinen positiven Einfluss auf die Gesundheit. Der Körper reagiert mit der Produktion von zusätzlicher MEOS auf eine Ausnahmesituation und versucht, die berauschende Wirkung des Alkohols zu verringern. Das dabei entstehende Azetaldehyd wird jedoch nicht schneller abgebaut, seine Giftwirkung vermindert sich nicht.

Eine Gewöhnung an Alkohol bedeutet damit nicht, dass Alkohol für den Körper weniger giftig wird.

MEOS bedeutet:
Mikrosomale Ethanoloxidierende System

Hormonsystem/ Geschlechtsorgane
Alkohol als Suchtmittel kann zu Störungen der wichtigsten hormonellen Regelkreise der Schilddrüse, der Keimdrüse und der Nebennierenrinde führen.

- Bei Männern kann ein Alkoholmissbrauch die Bildung des Sexualhormons Testosteron stören und dadurch zu einer Verminderung der Spermienproduktion und zur Verminderung männlicher Sexualhormone kommen. Dies kann durch die geringe Spermienproduktion zur Unfruchtbarkeit bzw. durch den verminderten Testosteronspiegel zu Lustlosigkeit und zur Impotenz führen.

- Bei Frauen kann durch die Erhöhung der weiblichen Sexualhormone der Zyklus gestört werden. Der Konsum von Alkohol während der Schwangerschaft hat oftmals eine erhebliche Schädigung des Embryos (Alkoholembryopathie) zur Folge.

Die am häufigsten auftretenden körperlichen Folgeschäden werde ich nachfolgend kurz beschreiben.

Erkrankung des Nervensystems:
Das Zentralnervensystem wird besonders häufig und intensiv durch Alkohol geschädigt. Es besteht aus dem Gehirn und dem Rückenmark mit ca. 100 Milliarden Nervenzellen. Dieses Zentralnervensystem überträgt die Informationen zwischen Gehirn und Körper.

Gehirn
Alkohol erreicht im Körper fast jede Zelle. Das Gehirn mit seiner starken Durchblutung

und seinem hohen Energieumsatz ist durch Schäden des Alkohols am meisten betroffen. Durch den Alkoholkonsum besteht die Gefahr des Sauerstoffmangels. Bei jedem Rausch sterben Gehirnzellen ab, die sich nicht wieder regenerieren. Dadurch nimmt das Gehirnvolumen und somit auch dessen Leistungsfähigkeit ab. Der Gehirnschwund wird oft erst nach längerer Zeit für andere bemerkbar.

Organisches Psychosyndrom
Störungen im Groß- und Zwischenhirn machen sich in geringer Hirnleistungsfähigkeit, reduzierter Merk- und Gedächtnisfähigkeit, geringer Auffassungsgabe, nachlassender Kritikfähigkeit bis hin zur Wesensveränderung wie beispielsweise einer Gefühlsabstumpfung bemerkbar.
Ausfälle im Bereich des Kleinhirns zeigen sich an steifen und unbeholfenen Körperbewegungen, Gangunsicherheit, wenig Bewegung im Gesichtsausdruck, undeutlich verwaschene Sprache sowie zitternde Hände.

Delirium tremens/ Krampfanfälle
Diese treten vor allem im Alkoholentzug als extreme Form von Hirnfunktionsstörungen bei ca. 15% der Alkoholabhängigen auf. Falls diese nicht notfallmäßig behandelt werden enden schätzungsweise 20% davon tödlich.

Anzeichen auf ein Delirium tremens können auch Sinnestäuschungen wie beispielsweise das Sehen von weißen Mäusen oder das Hören von Stimmen sein. In der Fachsprache werden diese Wahrnehmungstäuschungen optische und akustische Halluzinationen genannt. Weitere Anzeichen für ein Delirium tremens können auch eine starke körperliche Unruhe oder ein Kreislaufkollaps sein.

Auch epileptische Anfälle treten bei ca. 25% der Alkoholabhängigen auf. Diese schlagartige Bewusstlosigkeit mit Verletzungsgefahr beim Sturz geht einher mit krampfendem Körper und wird durch kurzen Atemstillstand begleitet. Hierbei kommt es oft zu Zungenbissen oder Schaumbildung vor dem Mund. Nach dem Anfall kann sich der Betroffene in der Regel nicht mehr an diesen erinnern.

Korsakow-Syndrom
Hierbei handelt es sich weitgehendst um einen Orientierungs- und Gedächtnisverlust. Dieser Zustand bildet sich auch bei Einhaltung einer völligen Abstinenz nicht mehr zurück. Der Betroffene muss oftmals aufgrund seiner Hilflosigkeit lebenslang in einer Psychiatrie oder in einer Spezialklinik untergebracht werden.

Nerven

Alkohol schädigt direkt die Nervenbahnen, dadurch kann eine Polyneuropathie entstehen. Hierunter versteht man Erkrankungen des Nervensystems außerhalb des zentralen Nervensystems (Gehirn und Rückenmark). Typische Beschwerden sind Schmerzen in den Beinen, Kribbeln und Einschlafen der Extremitäten, Gangunsicherheit, Druckempfindlichkeit und Lähmungserscheinungen.

Bei einer nicht gänzlichen Schädigung der Nerven bestehen nach längerer Abstinenz gute Heilungschancen

Verdauungsapparat

Durch Alkohol kann der gesamte Verdauungsapparat vom Mund über die Speiseröhre, den Magen bis zum Darm deutlich geschädigt werden.

Mundschleimhaut und Kehlkopf

Alkohol führt zu einer Reduktion der Speichelsekretion und zu Entzündungen der Schleimhaut der Zunge, des Mund- und Rachenraums sowie der Speiseröhre. Durch Verschlechterung der Muskulaturbewegung der unteren Speiseröhre kann es zu einem Rückfluss von Sekret aus dem Magen in die Speiseröhre führen. Hierdurch kann es zur Entstehung des Barrett-Syndroms kommen. Unter Barrett-Syndrom versteht man eine entzündliche Veränderung bzw. Verengung der Speiseröhrenschleimhaut.

Magenschleimhautentzündung und Magengeschwür

Magenschleimhautentzündungen sowie Magengeschwüre können schwere Blutungen mit sich bringen. Alkohol verändert die Darmflora und begünstigt das Auftreten von Bakterien die meist für Magengeschwüre verantwortlich sind. Oftmals ist in diesem fortgeschrittenen Stadium eine Magenresektion, die operative Entfernung eines Teils des Magens, erforderlich. Dies wiederum bringt durch den jetzt kleiner gewordenen Magen eine Verringerung der Alkoholverträglichkeit mit sich.

Neben Alkohol begünstigt auch Stress das Auftreten von Magengeschwüren.

Somit lässt sich durch günstige Problembewältigungsverfahren sowie Alkoholabstinenz einer Magenschleimhautentzündung bzw. einem Magengeschwür vorbeugen.

Darm

Geringe Mengen Alkohol von ca. 1 Liter Bier täglich erhöhen das Risiko an Darmkrebs zu erkranken um das 2-3fache, da sich die Zellen im Mastdarm sehr schnell erneuern können, ist er für bösartige Wucherungen recht anfällig.

Der Dünndarm kann viele lebenswichtige Stoffe wie Eiweiß, Vitamin A und C nicht mehr aufnehmen und dies führt somit zu Störungen in Hirn und Nerven.

Bauchspeicheldrüse

Die Bauchspeicheldrüse produziert Verdauungsfermente, die Nahrung resorptionsfähig machen. Durch Alkoholkonsum kann sich der Ausführungsgang durch Ablagerungen verengen oder ganz verschließen. Als chronisches Leiden kann Speisenunverträglichkeit in Form von Diabetes auftreten, die eine strenge Diät erfordert. Im schlimmsten Fall kann eine lebensbedrohende Selbstverdauung der Bauchspeicheldrüse auftreten. Heftige Bauchschmerzen mit Ausstrahlung in den Rücken können Symptome für eine Bauchspeicheldrüsenentzündung sein.

Leber

Die Leber wird durch Alkoholmissbrauch immer geschädigt. Diese Schädigung kann in den nachfolgend aufgeführten drei Stadien verlaufen:

Fettleber

Der kalorienreiche Alkohol wird in Form von Fett in den Leberzellen eingelagert. Durch Schädigung der Leberstruktur kann der Abtransport der Fette behindert werden und die Leber dadurch das doppelte Volumen *erreichen. Die Leber kann sich nach längerer Abstinenz wieder regenerieren.*

Leberentzündung

Beim Abbau des Alkohols in der Leber entsteht Acetaldehyd als Zwischenprodukt beim Abbau von Ethanol durch die sogenannte Alkoholdehydrogenase. Dieses Acetaldehyd ist für das Absterben von Leberzellen verantwortlich. Es kann Entzündungen der Leber hervorrufen und mit schmerzhaften Oberbauchbeschwerden einhergehen. Als schwere Verlaufsform der Leberentzündung gilt Hepatitis. Bei längerer Abstinenz kann sich die Leber wieder erholen, sie bleibt jedoch weniger belastbar.

Acetaldehyd ist auch für den Kater am nächsten Morgen verantwortlich.

Leberzirrhose

15 % der Alkoholabhängigen entwickeln die schwerstwiegende Form der Schrumpfung und Vernarbung des Lebergewebes. Diese Schädigung ist nicht reversibel. Dies bedeutet, dass es hier keine Erholung der Leber mehr gibt. Die Folgen sind eine deutliche Toleranzminderung beim Konsum von Alkohol. Dies bedeutet, dass geringe Mengen bereits zu einem verstärkten alkoholisierten Zustand führen. Weitere Folgen können Hämorrhoiden sowie Krampfadern in der Speiseröhre sein, die zu lebensbedrohlichen Blutungen führen können.

Die Leberzirrhose ist die achthäufigste Todesursache in Deutschland. Die Betroffenen sterben letztendlich an der fortschreitenden Selbstvergiftung ihres Körpers.

Alkoholabbau in der Leber

Alkohol wird in der Leber in zwei Phasen mit Hilfe von Enzymen abgebaut. In einer ersten Phase wird der Alkohol durch das Enzym Alkoholdehydrogenase (ADH) in Azetaldehyd abgebaut. Azetaldehyd ist sehr giftig und für Schädigungen durch Alkoholmissbrauch im ganzen Körper verantwortlich. Es greift die Zellmembranen an und verursacht zudem indirekte Schäden, indem es hemmend auf Enzymsysteme wirkt.

In einer zweiten Phase erfolgt der Abbau von Azetaldehyd in Azetat (Essigsäure) mit Hilfe des Enzyms Aldehyddehydrogenase (ALDH). Azetat wird anschließend in Azetyl-Koenzym A umgewandelt, das Ausgangsstoff für den Zitratzyklus, den Fettsäurezyklus und die Cholesterolsynthese ist.

Die Fettsäuresynthese wird durch Azetyl-Koenzym A gesteigert, was zur Anhäufung von Fettsäuren in der Leber und bei übermäßigem Alkoholkonsum zu einer Fettleber führen kann.

Alkoholabbau bei übermäßigem Alkoholkonsum: Nach übermäßigem Alkoholkonsum wird beim Abbau von Alkohol in Azetaldehyd ein weiteres Enzym aktiviert, die Mischfunktionelle Oxidase (MEOS). Dieser Prozess beginnt bereits bei Blutalkoholkonzentrationen von 0,5‰.

Die MEOS kann bis zu einem Viertel des Alkohols abbauen. Es wird angenommen, dass die MEOS für die Gewöhnung an Alkohol verantwortlich ist. Bei Personen, die regelmässig grosse Mengen trinken, steht mehr von dem Enzym zur Verfügung. Der Alkohol wird dadurch schneller in Azetaldehyd abgebaut, und es braucht mehr Alkohol, um eine berauschende Wirkung zu erzeugen.

Diese Gewöhnung hat aber keinen positiven Einfluss auf die Gesundheit. Der Körper reagiert mit der Produktion von zusätzlicher MEOS auf eine Ausnahmesituation und versucht, die berauschende Wirkung des Alkohols zu verringern. Das dabei entstehende Azetaldehyd wird jedoch nicht schneller *abgebaut, seine Giftwirkung vermindert sich nicht.*

Eine Gewöhnung an Alkohol bedeutet damit nicht, dass Alkohol für den Körper weniger giftig wird.

MEOS bedeutet:
Mikrosomale Ethanoloxidierende System

Hormonsystem/ Geschlechtsorgane
Alkohol als Suchtmittel kann zu Störungen der wichtigsten hormonellen Regelkreise der Schilddrüse, der Keimdrüse und der Nebennierenrinde führen.

- Bei Männern kann ein Alkoholmissbrauch die Bildung des Sexualhormons Testosteron stören und dadurch zu einer Verminderung der Spermienproduktion und zur Verminderung männlicher Sexualhormone kommen. Dies kann durch die geringe Spermienproduktion zur Unfruchtbarkeit bzw. durch den verminderten Testosteronspiegel zu Lustlosigkeit und zur Impotenz führen.

- Bei Frauen kann durch die Erhöhung der weiblichen Sexualhormone der Zyklus gestört werden. Der Konsum von Alkohol während der Schwangerschaft hat oftmals eine erhebliche Schädigung des Embryos (Alkoholembryopathie) zur Folge.

Sonstige alkoholbedingte Erkrankungen
Haut

Mit zunehmender Alkoholabhängigkeit kommt es zu einer andauernden Erweiterung der Blutgefäße. Dies zeigt sich meist durch eine Rötung und Aufgedunsenheit der Gesichtshaut. Eine geringe Nährstoffversorgung hat zur Folge, dass eine schlaffe, pergamentartige Haut mit Pickeln und Pilzen entsteht. Die Wundheilung ist ebenfalls geschädigt. Es kann zum Platzen der Gefäße kommen. Eine weitere Veränderung ist eine knollige Verdickung der Nase. Hautveränderungen bilden sich auch nach längerer Abstinenz wenig zurück.

Lunge

Bei Alkoholikern zeigt sich oft eine erhöhte Anfälligkeit für Erkältungen und Infektionen. Dies sind oft die Folgen einer einseitigen Ernährung und den dadurch entstandenen Vitaminmangel.

Herz/ Kreislauf

Täglicher Alkoholkonsum wirkt auf Dauer gefährlich blutdrucksteigernd und führt dadurch zu einem erhöhten Herzinfarkt- und Schlaganfallrisiko. Es ist davon auszugehen, dass 1 Liter Bier täglich zu diesem Risiko führen kann.
An Herzerkrankungen sterben viermal mehr Alkoholiker als an Leberzirrhose, da der

Herzmuskel durch den Konsum schwer in Mitleidenschaft gezogen wird.
Als zusätzlicher Risikofaktor kommt bei Alkoholikern oft ein starkes Rauchen hinzu.

Knochen und Gelenke
Alkoholiker leiden oft an Knochenschwund, was zu gehäuften Knochenbrüchen führen kann. Das Stoffwechselprodukt Acetaldehyd wirkt direkt auf die Knochenzellen und auf den Stoffwechsel.

Muskel
Bei 30% bis 50% aller Alkoholiker tritt eine chronische Muskelerkrankung auf, die zu Muskelschwäche, -schmerzen, -krämpfen und Gangunsicherheit führen kann.

Unter strikter Einhaltung einer Alkoholabstinenz können sich die Symptome wieder zurückbilden. Ein völliges Ausheilen ist jedoch meist unmöglich.

Geschlechtsunterschiede:

Frauen vertragen Alkohol in der Regel weniger gut als Männer. Das heisst: Die gleiche Menge Alkohol ist für Frauen schädlicher als für Männer. Dafür gibt es zwei Gründe:

- Frauen haben im Verhältnis zum Körpergewicht durchschnittlich mehr

Körperfett und weniger Körperwasser. Da sich Alkohol in Wasser besser löst als in Fett, ist nach dem Konsum gleicher Mengen die Alkoholkonzentration im Blut bei Frauen in der Regel höher als bei Männern mit gleichem Körpergewicht.

- *Frauen verfügen über geringere Mengen des alkoholabbauenden Enzyms ADH. Dies kann ein weiterer Grund für eine höhere Blutalkoholkonzentration sein.*

Altersunterschiede

Wirkungen und Risiken des Alkoholkonsums hängen auch vom Alter ab. Jugendliche vertragen Alkohol weniger gut als Erwachsene und sind zudem seinen schädlichen Einflüssen stärker ausgesetzt. Jugendliche sind in der Regel leichter als Erwachsene.

Der Alkohol verteilt sich damit auf eine kleinere Menge Körperwasser, die Blutalkoholkonzentration ist höher. Auch bei Jugendlichen kommen zusätzlich geschlechtsspezifische Unterschiede hinzu.

Die Enzyme, die den Alkohol in der Leber abbauen, sind bei Jugendlichen in geringerer Menge vorhanden als bei Erwachsenen.

Es ist jedoch schwierig, allgemeine Aussagen über die Abbaugeschwindigkeit bei Jugendlichen zu machen, da diese vom Entwicklungsstand abhängig ist. Alkoholkonsum im Jugendalter kann körperliche Entwicklungsprozesse wie das Knochenwachstum beeinträchtigen.

Der chronische oder akute Alkoholkonsum kann dabei die Konzentration des Wachstumshormons, das für die Knochen- und Muskelentwicklung wichtig ist, senken. Unter Umständen kann er auch die Körpergröße beeinflussen.

Warum hört man nicht einfach auf, die Sache mit der Willenskraft.

Warum hört man nicht einfach auf, wenn man einen halbwegs starken Willen, hat muss das doch gehen. Das ist das Problem bei der ganzen Sache, es ist eben nicht so und das macht es so kompliziert. Alkoholismus oder die Sucht allgemein ist eine chronische Gehirnkrankheit, die weder etwas mit dem Willen noch mit dem Charakter zu tun hat.

Ich möchte die medizinische und psychologische Erklärung dafür lieber meinem Freund dem Therapeuten überlassen. Am Rande sei erwähnt, dass Bernhard Krüger nicht mein Therapeut gewesen ist, der mich behandelt, beziehungsweise auf dem Weg aus der Sucht begleitet hat. Denen möchte ich, wenn sie zufällig das Buch lesen und mich noch kennen, herzlich danken, auch wenn ich viele Sachen erst Jahre später kapiert habe.

Ich dachte Jahre lang, dass es an meiner Willenskraft lag, nicht aufhören zu können. Die Folge durch das häufige Versagen war der Verlust des kompletten Selbstwertgefühls. Man erreicht irgendwann einen Punkt, der ganz unten ist. Ganz unten sein, heißt nicht, unter der Brücke zu schlafen, Familie, Haus und Hof verloren zu haben. Ganz unten zu sein heißt seelisch am Arsch zu sein und kurz vor dem Selbstmord zu stehen. Bei meinen Selbstmordgedanken nannte ich es den Freitod, das war ein schöner Gedanke, die letzte freie Entscheidung, blablabla.....
An diesem Punkt angekommen ist man bereit sich helfen zu lassen, weil man den Kampf aufgegeben hat.

Viele werden jetzt denken, was schreibt der für einen Quatsch, wenn man aufhört zu kämpfen ist doch alles vorbei.

In diesem Fall nicht, es ist der Anfang den Weg aus der Sucht zu finden.

Ich möchte das mal an einem Beispiel verdeutlichen. Stellen sie sich mal zwei Mannschaften vor, die Seil ziehen. Mal ist die eine Mannschaft auf der linken Seite stärker und mal die Mannschaft auf der rechten Seite. Nach einer Weile scheint die Kondition und die Stärke der rechten größer zu sein als die der linken.

Die linke Mannschaft wird immer mehr auf die gegnerische Seite gezogen. Bevor sie aber ganz auf der Gegenseite ist, beschließt die linke Mannschaft das Seil loszulassen, da ihnen Bewusst wird, dass sie keine Chance haben und es keinen Sinn macht weiter zu kämpfen.

Nach dem Loslassen kommt die rechte Mannschaft ins Straucheln und fällt in den Dreck. Auf den ersten Blick ist die linke Mannschaft der Verlierer. Wenn man beide Mannschaften nun ohne das Seil betrachtet, so sieht man eine Mannschaft im Dreck liegend und eine Mannschaft sauber und aufrecht stehen. Wer ist aus diesem Blickwinkel der Gewinner?

Solange Suchtkrankheit immer mit Willensstärke und Charakterschwäche in Verbindung gebracht wird, werden wir Suchtkranke von der Gesellschaft auch nicht akzeptiert ob wir suchtmittelfrei sind oder nicht. Uns haftet immer das Vorurteil der Schwäche an und macht es uns nicht gerade leicht in dieser Gesellschaft trocken oder clean zu bleiben. Ich habe oft die Erfahrung gemacht, dass ich als trockener Alkoholiker weniger akzeptiert wurde wie als nasser. Erst als ich genug Selbstbewusstwein erlangt hatte, habe ich mich dem entgegengestellt und mich gnadenlos geoutet. Seither führe ich einen Kampf, den man mit Willenskraft gewinnen kann, den Kampf um Akzeptanz für meine Krankheit und den Kampf um Respekt gegenüber uns Suchtkranken.

Wenn die Suchtkrankheit endlich von der Gesellschaft anerkannt wird und Süchtige nicht wie Menschen zweiter Klasse behandelt werden, wird es für die Betroffenen leichter sein den Schritt zu wagen etwas gegen ihre Krankheit zu unternehmen oder besser gesagt Hilfe zu suchen und sich helfen lassen.

An dieser Stelle möchte ich sie an einem Gedicht teilhaben lassen, welches mich bis jetzt durch meine ganze Trockenheit begleitet hat.

Wenn du einem geretteten Trinker begegnest, dann begegnest du einem Helden.
Es lauert in ihm schlafend der Todfeind.

Er bleibt behaftet mit seiner Schwäche und setzt seinen Weg fort durch die Welt der Trinkunsitten,
in einer Umgebung, die ihn nicht versteht,
in einer Gesellschaft, die sich berechtigt hält, in jämmerlicher Unwissenheit auf ihn herabzuschauen,

als auf einen Menschen zweiter Klasse, weil er es wagt, gegen den Alkoholstrom zu schwimmen.

Du sollt wissen: Er ist ein Mensch erster Klasse!
Friedrich von Bodelschwingh, (1831 - 1910), evangelischer Pastor, Begründer der Heilstätten für Epileptiker und Geisteskranke

Wie bringe ich einen Süchtigen dazu aufzuhören?

Bei meiner Arbeit in der Selbsthilfe und der Suchtprävention bleibt es nicht aus, dass man verzweifelten Menschen begegnet, die Rat suchen. Es sind überwiegend Angehörige von Suchtkranken, die wissen möchten wie sie den Süchtigen dazu bringen können aufzuhören und sich helfen zu lassen. Die Süchtigen selbst kommen eher nicht, es sei denn sie müssen.

Die Angehörigen, seien es die Partner, Familie, Freunde, oder auch Arbeitskollegen, suchen sich oft erst Hilfe und Unterstützung wenn ihr Leidensdruck so groß ist, dass sie keinen anderen Ausweg mehr sehen. Da sind sie meist auch schon so in die Krankheit Sucht verstrickt und hineingezogen worden, dass sie mehr oder weniger Co-Abhängig sind. Sie hoffen sich eine Patentlösung auf die Frage, wie bringe ich einen Süchtigen dazu aufzuhören?

Die Sache ist dann relativ leicht und schnell mit der Hilfe durch Nichthilfe erklärt. Diese jedoch umzusetzen ist sehr schwierig und für die Angehörigen oft unmöglich.

Ein Süchtiger wird nicht aufhören sein Suchtmittel zu konsumieren wenn er keine Konsequenzen dadurch zu tragen hat. Wenn man jemanden liebt oder gerne hat, handelt man instinktiv falsch, da man es zuerst mit Liebe und gutem Zureden versuchen wird. Man appelliert an die Vernunft und an die Willensstärke des Betroffenen. Aha schon wieder das Wort Willensstärke, ab jetzt wird es in dem Zusammenhang mit der Sucht endgültig gestrichen, wir wissen inzwischen, dass es da nichts zu suchen hat.

Es ist wichtig, dass der Süchtige konsequent und schonungslos zu einer Krankheitseinsicht kommt. Dies geschieht nur wenn die Betroffenen die Folgen ihres Suchtmittelkonsum verantworten müssen und sich daraus Nachteile für sie ergeben.

Ich habe alle gut gemeinten Ratschläge von meinen Angehörigen in den Wind geschlagen, auch die von meinen Freunden. Wenn ich darauf angesprochen wurde, habe ich mich verteidigt und die Situation heruntergespielt oder bin böse geworden. Ich habe nach und nach die Personen gemieden, die es gut mit mir meinten und mich auf mein Problem angesprochen haben.

Wenn man nun richtig helfen will und die Hilfe durch Nichthilfe anwendet, bekommt man zuerst alles mögliche vorgeworfen, man würde die Betroffenen im Stich lassen, man sei Schuld wenn sie sich umbringen, man würde nicht an die Familie denken und so weiter.

Was man allerdings gar nicht bekommt, ist Dankbarkeit, zumindest nicht von den Betroffenen und nur selten von den restlichen Angehörigen und Freunden.

Es muss aber unbedingt ein konstruktiver Druck aufgebaut werden um die Betroffenen auf den Weg der Krankheitseinsicht zu lenken. Im Idealfall geschieht das zusammen mit der ganzen Familie, Freunden und wenn möglich mit dem Arbeitgeber zusammen. Man muss sich auch immer im Klaren sein, dass man nur Dinge androhen kann, die man auch gewillt ist durchzusetzen. Wenn eine Frau oder auch der Mann mit der Scheidung droht, muss sie oder er auch bereit sein den Schritt zu gehen. Es hat sonst zur Folge, dass man nicht ernst genommen wird und es wird sich nichts ändern.

Man muss seine Linie ganz konsequent verfolgen und die Betroffenen in keiner Weise mehr unterstützen. Man darf sie nicht mehr beim Arbeitgeber entschuldigen wenn sie nicht zur Arbeit können, man darf sie nicht bei Familienfesten entschuldigen, sie seien krank oder müssen arbeiten wenn sie betrunken sind, man darf nicht mit dem Essen auf sie warten weil sie in der Kneipe sind, nicht für sie einkaufen, sich nicht auf Diskussionen einlassen wenn die Betroffenen nicht nüchtern sind und so weiter.

Ja man muss sie sogar verlassen wenn es nötig ist, was man ohnehin tun wird, wenn der eigene Leidensdruck zu groß wird.

Ganz schwierig ist es wenn Kinder mit im Spiel sind, dann sollte man ganz früh und ganz konsequent die Notbremse ziehen um diese zu schützen.

Es muss aber immer deutlich sein, dass wenn der oder die Betroffene ehrlich bereit ist sich helfen zu lassen um gegen sein Krankheit anzugehen, er oder sie dabei Unterstützung bekommt.

Danach folgen dann professionelle Maßnahmen, der Weg zu einer Selbsthilfegruppe, die Entgiftung in einer Klinik, eine Therapie. Man sollte sich unbedingt von kompetenten Menschen beraten lassen, sei es von Mitarbeitern einer Suchtberatung, vom Hausarzt oder Mitgliedern einer Selbsthilfegruppe. Zum Glück gibt es inzwischen viele Möglichkeiten Unterstützung zu bekommen um diesen Weg nicht alleine gehen zu müssen, was auch so ganz neben bei bemerkt auch nicht sehr Erfolgsversprechend ist.

Wenn das alles geschafft ist, kann man einen kurzen Moment durchatmen, ein großer Schritt ist gemacht. Man sollte sich selbst allerdings in die Therapie, in welcher Form auch immer, mit einbringen und gemeinsam mit den Betroffenen diese Krankheit kennen und verstehen lernen.

Der Erfolg der Hilfe durch Nichthilfe steht und fällt mit der Konsequenz und der Geduld mit der sie angewandt wird. Es ist ein sehr langer Weg, bis der oder die Betroffene eine Krankheitseinsicht erlangt, aber nur dann haben auch anschließende Maßnahmen eine Chance erfolgreich zu sein.
Noch mal mein eindringlicher Appell, fragen sie jemanden, der sich auskennt und beißen sie sich da nicht alleine durch.

Der Therapeutische Weg aus der Sucht
Nach einem Modell für den Ausstieg (Prochaska und Di Clemente) ist der Ausstieg aus der Abhängigkeit ein langer Prozess der in unterschiedlichen Phasen verläuft.. Am Anfang ist die Bereitschaft eine Veränderung herbei zu führen nicht vorhanden. Es findet keine Auseinandersetzung mit dem Risikoverhalten statt bzw. dieses wird vermieden. Widerstände werden aufgebaut um sich nicht mit der Thematik beschäftigen zu müssen bzw. um auf Ratschläge von Freunden reagieren zu können bzw. diese abwehren zu können. Manchmal passiert es, dass die Betroffenen von Freunden oder Kollegen auf ihren Konsum angesprochen werden. Es werden dann die Suchttypischen Abwehrmechanismen eingesetzt. an. Dies ist beispielsweise das Leugnen der eigenen

Problematik. Oft kann es hierbei auch zu Beschimpfungen und aggressivem Verhalten der abhängigen Person kommen.

Auch das Verharmlosen des Konsumverhaltens gilt als Abwehrfunktion. Das eigene Trinkverhalten wird als normal bezeichnet oder auch mit Sätzen wie „Ich hab mich voll im Griff" heruntergespielt.

Ein weiteres Schema zur Rechtfertigung des Konsums kann auch das Rationalisieren sein. Hierbei wird oft das Trinkverhalten anderer zum Vergleich herangezogen. Beispielsweise äußert sich der Betroffenen dahingehend, dass die anderen ja viel mehr oder viel öfter trinken.

Unter Umständen beginnt sich auch der Freundeskreis zu distanzieren weil diese das Verhalten nicht mehr tolerieren können. Der Betroffene registriert dies jedoch nicht bzw. es stört ihn nicht, da er ja neue Freunde durch den Konsum gefunden hat.

Die Probleme die die Sucht mit sich bringt werde im laufe der Zeit immer mehr, so dass der Betroffen langsam anfängt unter seiner Sucht zu leiden. Hier wird dann vom sogenannten Leidensdruck gesprochen. Die ersten Gedanken nach Veränderung werden erwogen. Diese sind meist jedoch nicht sehr stabil und werden dem zu folge auch gleich wieder verworfen.

Es findet die erste bewusste Auseinandersetzung mit dem eigenen Verhalten statt. Den tatsächlichen Entschluss zu fassen etwas zu verändern kann hier oft noch nicht getroffen werden. Der Abhängige befindet sich in einer Ambivalenz zwischen Besorgnis und Sorglosigkeit.

Erst wenn der Leidensdruck so hoch und sich die Gegebenheiten dermaßen verschlechtert haben ist der Abhängige einsichtig bzw. bereit etwas an seinem Leben zu ändern. Er fängt an ernsthaft zu überlegen wie er sich von der Abhängigkeit wieder befreien kann hat jedoch noch keine konkreten Vorstellungen davon wie er dies bewerkstelligen kann. Diese Phase kann eine lange Zeit in Anspruch nehmen. Evtl. sucht er danach das Gespräch mit seinem Hausarzt um erste Informationen zu bekommen. Er beginnt sich Informationen zu beschaffen und informiert sich weiter über das vorhandene Hilfssystem. Vielleicht hat er auch schon die Einsicht bzw. die Bereitschaft aktiv etwas zu unternehmen und kann sich für eine Entzugsbehandlung zum Entgiften seines Körpers vom Hausarzt in eine Klinik einweisen lassen.

Wenn er diesen schweren Schritt zur Entgiftung in eine Klinik gegangen ist setzt die

unter ärztlicher Aufsicht durchgeführte Entgiftungsbehandlung ein. Um

Entzugserscheinungen zu mildern wird hier ggf. eine Zugabe von Medikamenten

erfolgen. Die Vorstellung, dass der Abhängige weggesperrt wird ist heutzutage bzw.

nach dem heutigen Stand der Medizin nicht mehr vertretbar. Das Gegenteil ist der Fall.

Der Patient durchläuft in der Regel ein intensives Programm zur Entlastung und Förderung

der Regeneration aller körperlichen Funktionen. Dies wird zum einen durch gesunde

Ernährung aber auch durch gezielte Bewegung und Entspannung erreicht. Sobald der

Abhängige wieder klar im Kopf ist und sich sein körperlicher Zustand weiter stabil zeigt

wird er hier unweigerlich mit anderen Suchtmittelabhängigen konfrontiert. Er wird sich

unter Umständen auch von diesen distanzieren, da er in den Gruppengesprächen

erfahren hat, dass diese viel mehr und viele länger getrunken haben wie er.

Der Betroffene erhält zum ersten mal konkrete Unterstützung, um den Weg in die dauerhafte Abstinenz weiter gehen zu können. Nach der Entzugs- bzw. Entgiftungsbehandlung ist es dringend notwendig, dass der Klient den Mut in sich selbst bzw. in die eigenen Fähigkeiten nicht verliert. Die Motivation an seinem Leben etwas zu verändern soll weiter gefestigt und ausgebaut werden. Wenn dies gelingt und eine ausreichende Motivation vorliegt sollen im Anschluss an die Phase der körperlichen Entgiftung weiterführende Maßnahmen mit dem Ziel der zufriedenen Abstinenz ergriffen werden.

Dies sind möglichst das Einleiten einer Entwöhnungstherapie in einer dafür vorgesehenen Facheinrichtung. Diese werden oft auch mit einer Kurklinik verwechselt, da es sich bei einer Entwöhnungsbehandlung auch um eine Maßnahme zur Rehabilitation handelt. Der Unterschied ist jedoch der, dass es sich bei einer Suchttherapie mit Sicherheit um eine wirklich das ganze Leben verändernde Therapie handelt.

Die Entgiftung, was geht da vor sich?

Ich schreibe jetzt mal von meiner Alkoholentgiftung da ich v da ja meine Erfahrung habe. Wobei die Entgiftung von anderen Suchtmitteln ähnlich ist.

Der Gang zur Entgiftungsklinik war wohl der schwerste, aber auch der erfolgreichste Gang meines Lebens. Ich kann mich noch ganz genau erinnern wie das damals am 25.Aug. 2003 war. Hauptsächlich die wahnsinnige Angst die ich davor hatte werde ich nie vergessen.
Ich hatte mich also entschlossen mich in eine Suchtklinik zu begeben. Halt das ist nicht ganz richtig, eher hat meine Familie beschlossen, dass ich in die Suchtklinik gehe und ich habe mich nicht mehr dagegen gewehrt.

Nach dem der Familienrat getagt hatte, war auch schnell ein Termin gefunden, ich wurde als suizidgefährdet angekündigt, deswegen ging alles ganz schnell. Nachdem ich erfahren hatte, dass der Termin nur so schnell zustande kam, eben weil ich als suizidgefährdet angemeldet wurde, schossen mir die wildesten Gedanken durch den Kopf, Szenarien von stark blödmachenden Beruhigungspillen bis hin zu dicken Lederriemen mit denen man ans Bett geschnallt wurde.
Schließlich kam ich ja ins Irrenhaus, wie eine Psychiatrische Klinik nun mal im Volksmund genannt wird.

Dass ich nicht lange zuvor „einer flog über das Kuckucksnest" gesehen hatte, half nicht unbedingt meine Ängste zu beschwichtigen.

Wie dem auch sei, ich beschloss an dem Tag „nüchtern" in der Klinik zu erscheinen, um möglichen Gefahren mit klarem Kopf begegnen zu können.
Um das zu überstehen und um auszuschließen doch total besoffen dort anzutanzen war kein Alkoholvorrat im Haus. Wenn ich Entzugserscheinungen bekam musste meine Frau zur Tanke und einen Flachmann besorgen.

Für die Grundversorgung waren zwei oder drei Dosen Bier vorgesehen. Ich glaube an den zwei Tagen bevor ich in die Klinik kam bekam meine Frau zum erstenmal eine ungefähre Vorstellung wie hoch mein Alkoholspiegel tatsächlich war und was mit mir passiert wäre , hätte ich nicht bei beginnendem Entzug etwas getrunken. Sie musste einige male fahren und es wird ihr auch sicherlich peinlich gewesen sein, ich habe sie nie gefragt, muss ich unbedingt mal machen.

Ich habe es irgendwie geschafft und die Alkoholkontrolle ergab 0.9 Promille und ich war schon kurz vor dem Entzug. Der Pfleger sah sofort was los war und hat gefragt:
„geht's gleich los oder?" „sie bekommen gleich etwas, dann wird es besser".

Aha - die Blödmachpillen, ich habe es gewusst. Die Blödmachpillen waren Tropfen aber der Pfleger machte ein vertrauenserweckenden Eindruck also schluckte ich das Zeug. Ein paar Minuten später ging es mir besser, ich war noch Herr meiner Sinne und noch nirgends festgeschnallt. Nach ein paar Stunden hatte ich noch mal ein Gespräch über meine Befürchtungen mit dem gleichen Pfleger.

Als ich mit meinen Schilderungen fertig war, hat er mich gefragt ob ich weiß, dass wir 2003 haben und die Zeiten des kalten Entzugs längst vorbei sind.
Er sagte auch das sie dafür da sind mir zu Helfen und nicht mich leiden zu lassen. Außerdem ist es auch medizinisch erforderlich möglichen Krampfanfällen und dem Delhier vorzubeugen.
Dieser besagte Pfleger ist maßgeblich daran beteiligt gewesen, dass ich meinen Weg zur Abstinenz gefunden habe.
Durch seine Professionalität und vor allem durch seine Menschlichkeit war er mir eine größere Hilfe als er selbst es je erahnen würde. Es waren nur einige wenige kurze Gespräche, die wir geführt haben, aber die haben mein Denken in die richtige Bahnen gelenkt. Dafür möchte ich mich ganz herzlich auf diesem Wege bedanken mit einem schlechten Gewissen im Hintergrund weil ich ihm das noch nicht selbst gesagt habe.
Es gab natürlich noch mehr gute und nette Menschen dort, die sich alle sehr bemüht haben.

*Beim **Alkoholentzug** der auch **Alkoholentgiftung** genannt wird handelt es sich bei vielen um den ersten großen Schritt um von der Sucht nach Alkohol loszukommen. Dieser erste Abschnitt auf dem Weg in die Abstinenz gehört mit zu den schwersten. Es kann hierbei zu mehr oder weniger ausgeprägten Entzugserscheinungen kommen. Abhängig sind diese*

Entzugserscheinungen zum größten Teil von der zuvor konsumierten regelmäßigen Alkoholmenge und dem Zeitraum in der die Abhängigkeit bestanden hat. Entzugserscheinungen können Magenbeschwerden, Schwitzen, Angst, Innere Unruhe, Anspannung usw sein. Bei sehr starken Entzugserscheinungen kann es zum Zittern aber auch zu epileptischen Anfällen bis hin zum sogenannten Delirium Tremens kommen. Um diese Entzugserscheinungen zu mildern bzw. um Anfälle zu vermeiden ist es sehr ratsam bzw. notwendig dass die Betroffenen die Entgiftung unter ärztlicher Kontrolle durchführen lassen. Unter kontrolliertem Einsatz von Medikamenten werden die Entzugserscheinungen gemildert bzw. ganz vermieden. Dies ist im stationären Bereich vieler Krankenhäuser aber auch in Entgiftungsstationen vieler Psychiatrien möglich. Der Vorteil einer Entgiftung in einem psychiatrischen Krankenhaus ist, dass hier neben den Ärzten auch Psychologen, Sozialarbeiter, Sozialpädagogen und weiteres geschultes Personal arbeiten.

Normalerweise sind die Entzugserscheinungen nach einer Woche verschwunden so dass es im Anschluss um die weiteren Behandlungsmöglichkeiten für den Patienten geht. Optimalerweise wird während der Entgiftungsbehandlung gleich mit dem Sozialarbeiter ein Antrag beim zuständigen Kostenträger gestellt um eine anschließende, mehrwöchige Therapie in einer Fachklinik zu beantragen. Hierbei ist es von großem Vorteil wenn es zu einer nahtlosen Verlegung in die Therapieeinrichtung kommen kann, da die Gefahr eines Rückfalls nach der Entgiftungsbehandlung ohne Therapie sehr groß ist.

Die Therapie, einfach nur Gehirnwäsche oder doch was Gutes?

Ich kann mich auch noch nach acht Jahren ziemlich genau erinnern wie ich mich fühlte als ich damals zur Therapie in die Fachklinik Wilhelmsheim ging.

Auf der einen Seite war ich froh, dass es nach drei Monaten warten endlich losging, anderseits hatte ich Zweifel ob es das richtige für mich ist. Ich war nach der Entgiftung nun schon drei Monate trocken und ich dachte es müsste doch auch alleine zu schaffen sein. Um eine Therapie bezahlt zu bekommen musste ich meinen Betrieb abmelden und mich arbeitslos melden.
Es lief gerade wieder an und es kam auch wieder etwas Geld in die Kasse. Als eines   Tages während der Arbeit durch einen technischen Defekt mein LKW anfing zu brennen und völlig zerstört wurde, ist mir die Entscheidung leichter gefallen. Schicksal? Der LKW war natürlich nicht gegen Feuer versichert, obwohl es für ein finanziertes Fahrzeug eine Pflichtversicherung gewesen wäre. Ich hatte die Verträge die ich unterschrieb in meiner nassen Zeit nicht durchgelesen.

Die Bank wollte innerhalb von zwei Wochen die Restschuld des Fahrzeuges zurück, das Geld hatte ich natürlich nicht. Ab da war mir alles egal, ich meldete meinen Betrieb ab, ging zum Arbeitsamt und fing neu an.

In   der   Zwischenzeit   war   auch   meine

Gerichtsverhandlung wegen meines Führerscheins und der Richter war durch die Tatsache, dass ich eine Therapie machen werde milde gestimmt. Zwanzig Monate keine Fahrerlaubnis und 500 € Geldstrafe zu 20 € Raten je Monat. Alles geregelt, ich machte mich auf den Weg.

Natürlich hatte ich etwas Angst was mich da erwarten würde, ich hatte mal wieder die tollsten Vorstellungen, was die Psychiater alles mit mir anstellen würden.

Als ich mich an der Rezeption angemeldet habe, wollte mich die Frau dort etwas aufmuntern und sagte: „ach sie sind ja schon drei Monate trocken, toll, da brauchen sie unsere Hilfe ja fast gar nicht mehr."

Ich habe es gewusst, es war eine Fehlentscheidung hierher zu kommen, ich hätte es auch alleine geschafft.

Sofort hatte ich Fluchtgedanken. Aber da ich ja gebracht wurde konnte ich nicht so einfach entwischen und ich blieb. Es folgte das übliche Prozedere der Aufnahme, der Einzug ins Zimmer (Einzelzimmer juhu) und der Abschied von meiner Frau. Danach ging es richtig los, medizinische Untersuchungen, Termine, warten, warten, noch mehr Untersuchungen, warten, Hausordnung, Belehrungen, Durchsuchung des Gepäcks nach Alkohol, Drogen und Medikamenten. Ich konnte mich schlecht konzentrieren und es viel mir schwer längere Zeit zuzuhören. Ich kam mir hilflos vor und hatte irgendwie das Gefühl entmündigt worden zu sein.

Die Souveränität des Klinikpersonals und der Therapeuten machte mich ganz klein und ergeben, ich fühlte mich sehr unwohl. Nach außen verhielt ich mich als wäre alles in Ordnung, ich wollte nicht undankbar sein.

Ich bekam einen Wochenplan, mit dem ich selbstverständlich nicht zurecht kam.

7.10 Uhr Frühsport, nicht mit mir auf gar keinen Fall, ich bin hier zur Therapie und nicht im Trainingslager.

Indikative Gruppe, Peer-Gruppe, Atemtechnik (bestimmt so ein esoterischer Yoga Quatsch), Gruppentherapie, Arztvisite (O.K., wenn es sein muss), Film-Vortrag (oh toll, Film ist immer gut), Wirbelsäulengymnastik, Meditation (ich bin doch kein Chinese), Kunsttherapie, Motivationsgruppe. usw.

18.00 Uhr Tagesauswertung........, wie? keinen Feierabend?

Die wissen aber schon, dass die hier einen Mann vor sich haben, der 22 Jahre auf dem Bau hinter sich hat, was soll der Scheiß.

Aufmerksame Leser haben es erkannt, Veränderungswillen, Motivation und Problemeinsicht sehen anders aus.

Aber nach ein paar Tagen war alles nicht mehr so dramatisch. Ich hatte mich etwas eingewöhnt und erkannt, dass mir hier absolut niemand etwas böses will. Ich habe aufgehört schwarz zu sehen und habe mich entschlossen denen (so nannte ich am Anfang die Therapeuten) und vor allen Dingen mir eine Chance zu geben.

Ich habe damals Tagebuch geschrieben und möchte sie mit ein paar Auszügen desselben an meiner Therapie teilhaben lassen.

27.11.2003 Donnerstag

„Heute morgen war schon der Überstress! Der Wecker hat natürlich nicht geklingelt, ich bin aber trotzdem aufgewacht, um 6.45 Uhr. Toll, um 6.45 Uhr musste ich bei der "Blutprobe" sein, also anziehen und los. Keine Panik noch 3 min., die Hälfte der Strecke habe ich schon geschafft.

Oh Mann jetzt muss ich aufs Klo. Klo? Scheiße, Urinprobe vergessen, also zurück. Urinprobe - Mittelstrahl, alles klar und los geht's. Ruckzuck war ich am Labor, noch 10 Leute vor mir, Klasse. Also warten. Jetzt erst mal gemütlich Frühstücken. Frühstück? Essenskarte vergessen, also zurück.

Schnell wieder zum Frühstück, ich bin spät dran, keine Wurst mehr da und nur noch ne halbe Tasse Kaffee. Was sind das für türkisfarbene Plastikteile, die alle mit sich herumtragen? Tablettenbox! Medikamente vergessen, zurück und ein Stockwerk tiefer.

So aber jetzt...... der Kaffee ist natürlich kalt. Der Tag kann beginnen, schlimmer kann es nicht werden.

Es ging genauso hektisch weiter, wie es angefangen hat. Die Vorstellungsrunde habe ich besser rumgekriegt als ich dachte. Ich hatte etwas Angst davor, 10 min. über mich zu erzählen und anschließend von der Gruppe ausgefragt zu werden. Mit einem Therapeuten zu reden und von sich zu erzählen ist schon blöd genug, aber vor einer Gruppe fremder Menschen ist das was ganz anderes, na ja, wenn es hilft.

Jetzt sitze ich hier und sollte meine Hausaufgaben machen, was die alles von mir wissen wollen, das weiß noch nicht einmal ich selbst.

Lebensgeschichte, Veränderungsliste und eine Selbstanalyse zur Abhängigkeit.

Nur gut, dass ich genug Stifte dabei habe.

Vielleicht werde ich nach der Therapie Schriftsteller."

28.11.2003 Freitag

„Nach dem Gesundheits-check musste ich zur Diätberatung. Essen Ade. Keinerlei Fett mehr, auch keine Margarine. Vollkornbrot mit einer Scheibe Käse und ein Müsli zum Frühstück. Zum Mittagessen keine Suppe, keine gute Salatsoße and so on.

Vielen Dank Frau Doktor. Nach dem Abendessen war ich mal wieder im Labor um meinen Blutzuckerspiegel messen zu lassen, zu hoch natürlich. Dennoch konnte ich nicht widerstehen und bin zum Automaten gegangen um mir einen Schokoriegel rauszulassen, habe aber den falschen Knopf gedrückt und dafür eine Zahnpasta bekommen und dann hatte ich kein Kleingeld mehr."

Heute habe ich vieles verstanden, was ich damals bestenfalls "hingenommen habe". Es ist natürlich notwendig, danach zu schauen, dass der Körper gesund wird, wenn die Seele heilen soll. In der Fachklinik Wilhelmsheim wurden deshalb auch körperliche Gebrechen behandelt. In meinem Fall mein Übergewicht, meine Arthrose und meine Rückenschmerzen.

Auch der durchstrukturierte Tagesablauf macht durchaus Sinn. Davon abgesehen, würden die Abläufe nicht eingehalten und kontrolliert, wäre es ein einziges Chaos. Eine Klinik voller Suchtkranke, deren Tagesablauf bis dahin vom Suchtmittel bestimmt wurde und die einen Teil ihrer Lebensstruktur verloren haben.

Ich möchte hier gar nicht so sehr auf die Therapeutischen Innhalte eingehen, das darf dann Herr Krüger wieder übernehmen, sondern möchte vielmehr meine Entwicklung in dieser Zeit etwas aufzeigen. Man kann beobachten wie es mir immer besser geht und ich verstehe um was es geht.

5.12.2003 Freitag
„Heute habe ich viel über das Unterbewusstsein gehört, ne ganz komische Sache. Da muss ich wohl noch ne Weile drüber nachdenken.

Ich darf nicht vergessen, nachher meinen Schuh vor die Türe zu stellen, es ist ja Nikolaus."

6.12.2003 Samstag
„Jaaa, der Nikolaus war da und es hat tatsächlich jemand was in meinen Schuh getan."

Ich habe mich darüber wirklich gefreut wie ein kleines Kind, es war eine Mandarine und ein Stück Schokolade. Als ich die Therapie angenommen hatte spürte ich immer mehr Menschlichkeit. Ich möchte jetzt nicht sagen, dass mich meine Familie in meiner nassen Zeit unmenschlich behandelt hätte, vielmehr habe ich mich selbst nicht als vollwertigen Menschen gesehen und die ständig lag Spannung, das Verstecken und die Lüge der Sucht in der Luft. Ich war ein misstrauischer und ängstlicher Mensch geworden der versuchte die Rolle eines starken und abgeklärten Mannes zu spielen.

Natürlich gab es auch in dieser Zeit Rückschläge. Es gab einen Moment, an dem ich ernsthaft darüber nachdachte die Klinik zu verlassen.

22.12.2003 Montag

„.......kein Wunder, dass ich kein Selbstvertrauen habe. Wenn ich sogar hier in Wilhelmsheim alles falsch mache, wo man sich eigentlich nur den Arsch selbst putzen muss, wo man von Psychologen gesagt bekommt was man fühlt, was man als nächstes tun soll und wie man in Zukunft denken muss.

Wo man tausende Diätschulungen und Ernährungsberatungen bekommt, damit man beim essen nichts falsch machen kann.

Wo aus erwachsenen Menschen wieder dumme unmündige Bürger gemacht werden, die zu blöd sind ihr Leben selbst zu regeln, die vom Personal einer Fachklinik behandelt werden als wären sie gerade aus dem Kindergarten entlassen worden.

Ach leckt mich doch alle am Arsch, ich lasse mich schon in alle Richtungen verbiegen und passe doch nirgends rein!!!!"

23. 15. Dienstag

„Die Sache von der „Indi" (Indikationsgruppe) beschäftigt mich immer noch. Ich weiß gar nicht, ob ich soviel über mich erfahren möchte. Das macht das Leben vielleicht komplizierter anstatt einfacher. Na ja warten wir es mal ab. Aber ich habe wirklich keinen Bock alles psychologisch zu ergründen, irgendwie ist es auch etwas beängstigend.Wo ist eigentlich mein positives Denken geblieben, habe ich so was überhaupt schon mal gehabt oder habe ich mir das nur eingeredet. Ach Scheiße, jetzt gehe ich erst mal etwas raus an die frische Luft. Das Scheiß Telefon ist auch leer."

Typischer Lagerkoller dachte ich damals, aber ich habe einfach angefangen über mich, mein Leben und über die Therapie nachzudenken.

Das Rahmenprogramm enthielt auch ganz praktische Dinge, wie die Berufsanalyse, Computerkurs, Anträge stellen für die Umschulung, Gespräche mit dem Arbeitsamt und der Rentenversicherung wurden vermittelt. In der Kunsttherapie habe ich meine künstlerische Ader wieder entdeckt und inzwischen hat die Kunst einen sehr hohen Stellenwert in meinem Leben.
Ich habe in den kurzen acht Wochen dieser Therapie sehr viel gelernt über mich. Auch viele Dinge, die mit der Sucht auf den ersten Blick nichts zu tun haben. Verstanden habe ich einiges davon allerdings erst viel später, auch jetzt noch während ich an diesem Buch schreibe und alles noch mal Revue passieren lasse, lerne ich wieder und wieder neu dazu.
Ich habe gelernt und erfahren, dass es mir große Zufriedenheit bringt, Verantwortung für mein Leben zu übernehmen und mein Leben selbst aktiv mitzugestalten. Leben und nicht mehr gelebt werden.

Wichtig bei der ganzen Therapiegeschichte ist, dass der Lebenspartner so gut es geht mit einbezogen wird. Die Entwicklung, die man vollzieht geht so rasant schnell und es kann gut sein, dass man dem Partner anschließend fremd vorkommt.

Als ein Mitpatient nach der Halbzeit seiner Therapie (er machte allerdings eine Vollzeit Therapie über 16 Wochen) Urlaub hatte und über das Wochenende nach Hause fuhr, brachte er seine Frau zum Familiengespräch mit. Seine Frau fragte den Therapeuten ob der (ihr Mann) jetzt so bleibe. Der Therapeut antwortete, dass es sich noch weiterentwickelt und noch besser wird.

Darauf antwortete die Frau: „ dann ist es mir lieber, er fängt wieder an zu saufen. So einen kann ich gar nicht gebrauchen." Sie kam mit dem neu gewonnen Selbstvertrauen ihres Mannes nicht klar. Auf einmal mischte er sich wieder in das Leben ein. Die Machtverhältnisse der Familie wurden neu verteilt.

Ich weiß nicht wie es danach mit den beiden weiterging.

Zum Abschluss der Therapie mussten wir zum letzten mal etwas schriftlich verfassen, „Abschied und Rückblick". Damit möchte ich auch meinen Teil dieses Kapitels enden lassen.

Abschied und Rückblick

Nach zähen Verhandlungen mit der LVA und dem Arbeitsamt, etlichen Nachfragen bei der Entgiftungsklinik ob die Therapie tatsächlich beantragt wurde und wann genau, war es dann drei Monate nach der Entgiftung so weit. Der Aufenthalt in der Fachklinik Wilhelmsheim stand bevor. Erleichterung auf der einen Seite, dass es endlich los ging, Wehmut auf der anderen Seite, der Abschied von zuhause. Den Stress am Anfang, die Geschichten um Zimmer 120 (medizinische Abteilung), die viele Schreiberei werde ich nicht näher erläutern. Jeder von uns hat sie erlebt, oder steckt gerade mitten drin. Außerdem hatte ich einen neuen Namen bekommen. Bei jeder Gelegenheit wie Blutzucker oder Blutdruck messen, Medikamentenausgabe, Alkoholkontrolle usw. durfte ich ihn laut und deutlich aufsagen:

„Rack K1"

Somit war auch deutlich, dass ich zu denen im Haus 3 gehörte und in den Genuss eines Einzelzimmers kam. Während meiner ersten Familienaufstellung* hatte ich das starke Verlangen sofort die Klinik zu verlassen. Es war mir nicht ganz geheuer was in diesem Raum vor sich ging. Es fing mit einem 20 minütigem Kollektivschweigen an. Ich wusste damals noch nicht, dass das nicht zur Therapie gehörte, sondern sich nur niemand so recht als freiwilliger melden wollte. Als es dann los ging, standen einige Mitpatienten im Raum herum oder bewegten sich auf Anweisung des Therapeuten ganz langsam mit winzigen Schritten und meist mit gesenkten Köpfen seitwärts, vor oder zurück um dann abermals stehen zu bleiben.

Jetzt zum Abschluss meines Aufenthalts weiß ich, dass wir alle im Vollbesitz unserer geistigen Kräfte sind und das die Familienaufstellung zu den Dingen gehört, die mich am meisten beeindruckt haben.

Und so bin ich nun an einem Punkt, wo ich allen danken möchte, die sich bemüht haben mir etwas beizubringen und mich dazu brachten auf eine etwas andere Art wie gewohnt nachzudenken und zu lernen. Ich denke das dies auch zum Teil gelungen ist. Dazu gehören die Therapeuten und Therapeutinnen der ganzen Klinik. Danken möchte ich auch allen, die für mein körperliches Wohlergehen gesorgt haben. Der Medizinischen Abteilung genauso wie der Küche, den Reinigungskräften usw.

Jetzt liegt es an mir zum schwereren Teil des Ganzen über zu gehen, das Erlernte, die Tipps und Ratschläge und guten Wünsche dauerhaft umzusetzen.

Meinen Mitpatienten der gesamten K Gruppe möchte ich dafür danken, dass sie ein kurzes Stück auf meinem Weg mit mir gegangen sind und mir eine große Hilfe und gute Begleiter waren.

Euch allen wünsche ich ganz herzlich viel Gesundheit und eine zufriedene Abstinenz.

*Die **Familienaufstellung** ist eine Methode der Systematischen Phsychotherapie Dabei werden tiefe Prägungen aus der Kindheit bewusst gemacht und neu geordnet. Ursprung der Methode ist die Familienskulptur aus der Familientherapie von http://de.wikipedia.org/wiki/Virginia_Satir Virginia Satir.

Inhalte der Thearapie

Die eigentliche Alkoholentwöhnungstherapie beginnt erst nach der körperlichen Entgiftung. Möglichkeiten für Alkoholtherapien gibt es in unterschiedlichen Formen. Zum einen gibt es die ambulante Therapie. Diese werden u.a. in Suchtberatungsstellen in Privatpraxen aber auch in Fachkliniken angeboten.

Die nachfolgenden Schilderungen, Inhalte und Vorgehensweisen werden in meiner Praxis in Neckarsulm angewendet.

Abhängigkeitserkrankungen werden als erlernte Verhaltensmuster verstanden.

Bereits im Kindesalter werden erste Erfahrungen mit Alkohol gemacht, indem das Verhalten der Erwachsenen beobachtet wird. Dieses erste Erlernen vom Umgang mit Suchtmitteln wird als Modelllernen bezeichnet [1]

Während der Gewöhnungszeit wirkt Alkohol euphorisierend und enthemmend.. Zuwendung durch die Peergroup für den Konsum selbst und veränderte, sozial erwünschte Verhaltensweisen [2]. Diese Effekte werden als Operante Konditionierung bezeichnet, da sie zu einer positiven Verstärkung des Konsums führen Es kommt jedoch auch zu einer negativen Verstärkung, da Alkohol zudem Angstreduzierende und beruhigend aber auch Überwindung der Langeweile oder auch die Reduzierung von depressiven Verstimmungen.

Der Betroffene lernt zunehmend durch den Konsum die beschriebenen Verstärker zu erlangen. Hieraus entsteht dann, dass andere Belohnungen wie beispielsweise die Überwindung von Ängsten oder Unsicherheiten nicht mehr attraktiv sind.

Die Abhängigkeit wird im Laufe der Zeit so stark dass zur körperlichen Abhängigkeit kommt. Das Suchtmittel wird nun vorwiegend dazu eingesetzt, um Entzugserscheinungen zu vermeiden und die zum Problem gewordenen Verstärkerquellen mit den negativen Konsequenzen zu bewältigen. [2]

Die Sozial-Kognitiven Lerntheorien beziehen, neben der Operanten Konditionierung, kognitive Wahrnehmungs- und Verarbeitungsprozesse in die Betrachtung ein. Dabei wird davon ausgegangen, dass die im Laufe der Lerngeschichte verarbeiteten und abgespeicherten Informationen jede neue Informationsverarbeitung mitsteuern [3].

Problematischen Grundannahmen in Bezug auf Alkohol und die automatischen Gedanken und Emotionen an eine positive Wirkungserwartung an das Suchtmittel wirken erlaubniserteilend. Dies führt dazu, dass als Bewältigungsstrategie nur noch das Trinken gesehen wird [4].

In folgenden Bereichen bestehen hierbei therapeutische Handlungsbedarfe.
- Soziales Kompetenz
- Wirkungserwartung an das Suchtmittel
- Coping (Bewältigungs) - Strategien
- Selbstwirksamkeitserwartung

Neben der Lerntheorie gibt es die analytische Theorie, die davon ausgeht, daß Abhängigkeitserkrankungen sich in der Regel in Verbindung mit einer frühkindlichen Entwicklungsstörung entfalten.

Die Therapiewirksamkeit ist auf die 4 gesicherten Wirkfaktoren [5] aufgebaut:

- Klärungsarbeit; in Bezug auf bewußte und unbewußte Motive, Werte, Ziele, etc.
- Ressourcenaktivierung; Nutzung der Fähigkeiten und Potentiale des Patienten für die Therapie

- *Problemaktualisierung; die Probleme, Konflikte, etc. des Patienten mit den zugehörigen Emotionen und Gedanken im Therapiesetting erlebbar und damit behandelbar machen*
- *Bewältigungsarbeit; aktive Unterstützung in Form therapeutischer Interventionen aber auch praktischer Hilfe*

„Therapiekonzeptionen, die diese vier Wirkfaktoren nicht mit dem ihnen aufgrund der empirischen Forschungsresultate zukommenden Gewicht berücksichtigen, werden auf Dauer nicht haltbar sein" [5].

Es ist hat sich gezeigt, dass in der Behandlung unbewußte Motive und Ziele für den Patienten erlebbar und damit handhabbar zu machen sind. Die Lerntheorien stellen Problemaktualisierung und Bewältigungsarbeit in den Vordergrund. Die schulenübergreifende Verbindung von Klärungs- und Bewältigungsperspektive wird ergänzt durch die familientherapeutische Beziehungsperspektive, die das zwischenmenschliche Geschehen, die Einbindung in Systeme und die Ressourcen des Menschen betont.

Ein ganzheitliche Therapie mit Inhalten aus biologischen, sozialen und psychologischen Annahmen in Bezug auf die Suchtentwicklung hat sich als erfolgversprechend gezeigt.

Die Therapieinhalte sind gewöhnlich in unterschiedliche Gruppenangebote untergliedert. Die unterschiedlichen Inhalte zeigen sich bereits an den Namen der einzelnen Gruppen. Dies sind beispielsweise Gruppen zur Wissensvermittlung, Entspannung,

Bewegungstraining, soziales Kompetenztraining, lebenspraktisches Training, Kunst- und Gestaltungstherapie, Musiktherapie. Die Therapie ist zudem in untersschiedliche Phasen untergliedert. Dies sind zu Beginn die Idenifikationsphase danach folgt die Aufarbeitungsphase und im letzten Drittel der Therapie folgt die Transferphase. Diese Phasen sollten so aufgebaut sein, dass die Therapieziele erreicht werden können. Dies bedeutet, dass sie möglichst zeitlich nicht begrenzt sind sondern einen Spielraum haben der mit dem Bezugstherapeut abgestimmt werden kann.

Gruppebeschreibung:
Hier einige Beispiele der in den Fachkliniken angebotenen Gruppe:

Entspannungsgruppen
Wissensgruppen
Kunsttherapie
Bewegungstherapie
Beschäftigungstherapie
Angehörigengruppe
Rückfallgruppe
Autogenes Training
Angstbewältigungsgruppe
Selbstsicherheitstraining
Konfliktgruppe

Angstbewältigung

Die Angstgruppe ist für Personen, die neben ihrer Abhängigkeitsproblematik an einer der folgenden Angststörungen leiden: Soziale Phobie, Spezifische Phobie, Panikstörung, Agoraphobie, ängstlich-vermeidende Persönlichkeitsstörung.

Hauptziele sind ein Abbau der dysfunktionalen Angstkognitionen sowie des Vermeidungsverhaltens, mit in der Folge einer ersten Reduktion der Angstsymptomatik.

Die inhaltlichen Schwerpunkte liegen im Austausch über die konkreten Ängste und bisherigen Bewältigungsversuche, in der Vermittlung von Grundlagen der Angstentstehung und Aufrechterhaltung (Störungsmodell), Vermittlung eines kognitiv-verhaltenstherapeutischen Ansatzes zur Angstbewältigung, Erarbeiten einer persönlichen Angsthierarchie, Vor- und Nachbesprechung von - zwischen den Sitzungen selbständig durchgeführten – Expositionsübungen.

Selbstsicherheitstrainig

Das Selbstsicherheitstraining ist für Patienten, die neben ihrer Abhängigkeitsproblematik an sozialen Unsicherheiten, einer sozialen Phobie oder einer ängstlich-vermeidenden bzw. dependenten Persönlichkeitsstörung leiden. Soziale Unsicherheiten können als Folge von Abhängigkeitserkrankungen auftreten, wie auch als eine mögliche Verursachung (Selbstmedikation) eine Rolle spielen.

Ziele der Gruppe sind eine Verbesserung der sozialen Kompetenzen im Sinne einer Zunahme von Selbstsicherheit, Selbstbehauptungsfähigkeit und Selbstwirksamkeitsüberzeugung sowie eine Verbesserung der Selbstakzeptanz und der Fähigkeit zur Selbstkontrolle.

Die inhaltlichen Schwerpunkte liegen in der Vermittlung eines Erklärungsmodells, der Bewußtmachung und Modifikation von Selbstverbalisationen sowie der Durchführung von Rollenspielsituationen. Zusätzlich haben sich Entspannungsübungen bewährt.

Abstinenzstabilisierung (Rückfallprävention)

Die Abstinenzstabilisierungsgruppe ist für diejenigen Patienten konzipiert, bei denen - über die Bearbeitung der Thematik "Rückfallprävention" in den Einzel- und Bezugsgruppentherapien hinaus - ein vertiefendes Intensivprogramm sinnvoll und notwendig erscheint. Inhalte sind der Verlauf der Suchtentwicklung, die rückfallfördernden Kognitionen angesehen werden, z.B. in Form von Alkoholwirkungserwartungen oder "erlaubnisgebenden Gedanken" [6]

Ziele der Gruppe sind v.a. das Erkennen individueller Risikosituationen mit ihren entsprechenden rückfallfördernden Kognitionen sowie deren Bearbeitung und die Vermittlung alternativer Bewältigungsstrategien und dadurch bedingt eine Erhöhung der Selbstwirksamkeitserwartungen.

Das Gruppenprogramm orientiert sich an Beck (1997) und Körkel et al. (1995).

Inhalten sind Wissens- und Informationsvermittlung über Rückfallverläufe und das Rückfallmodell nach Marlatt und Gordon (1985), Herausarbeiten individueller Risikosituationen, Erkennen und Überprüfen dysfunktionaler Kognitionen, Erarbeiten von abstinenzstabilisierenden Überzeugungen, Ablehnungsübungen in Rollenspielen sowie Entspannungsübungen

Neben den beschriebenen Gruppenangeboten geht es in der Therapie aber letztendlich um die persönliche Aufarbeitung der Vergangenheit und das Erkennen des problematischen Trinkverhaltens. Dies bedeutet auch das Erkennen des eigenen Trinkverlaufs und ie jeweiligen Ursachen hierfür.

Dem Weg in die Sucht geht oftmals ein langjähriges erlerntes Verhalten voraus. Aus diesem Grund benötigt es auch Zeit um dieses Verhalten zu ändern bzw. diese Veränderung zu festigen.

Während der Therapie geht es darum zu erkennen was die Auslöser für das spätere Trinkverhalten war. Hierbei geht es auch darum die Gedanken und Gefühle in den einzelnen Situationen zu betrachten. Viele Klienten haben große Probleme ihre Gefühle zu benennen bzw. diese in Worte zu fassen. Dass es sich dabei beispielsweise um Begriffe wie Wut, Zorn, Ekel aber auch Freude handelt, wird oft erst bewusst wenn diese vom Therapeuten genannt werden. Bei der kognitiven Verhaltenstherapie welche im Suchtbereich häufig zur Anwendung kommt sollen nun diese belastenden Gefühle überwunden und durch positive Gefühle ersetzt werden. Dieses Ersetzten durch gute Gefühle bedarf allerdings eines Trainings welches ein Teil der Therapie ist.

In der Verhaltenstherapie wird an irrationalen, ungesunden und problematischen Denkweisen gearbeitet um diese zu verändern. Weiter geht die Basisannahme hier davon aus dass ungünstige, problematische Verhaltensweisen erlernt wurden und diese auch wieder verlernt werden können. Nach der von Albert Ellis entwickelten Rational-Emotiven Verhaltenstherapie gibt es das sogenannte ABC-Modell der Gefühle.

A ist hierbei das Auslösende Ereignis,
B sind die Gedanken und Bewertungen und
C sind die Gefühle und das Verhalten.

Beispiel:

A: Ich sitze im Cafe und jemand Bekanntes setzt sich zu mir

B: Jetzt wäre die Möglichkeit ihn oder sie zu einem Kaffee einzuladen und dadurch ins Gespräch zu kommen. Sicherlich lehnt er oder sie ab und macht sich über mich lustig. Ich könnte nie wieder hier ins Cafe gehen.

C: Die Gefühle sind erst Aufregung, dann Angst und Niedergeschlagenheit und möglicherweise auch Versagen . Das Verhalten wird durch Zittern der Hände und unruhiges umherblicken gekennzeichnet.

In der Therapie geht es nun darum mit logischen Denkregeln das bisherige Denken zu hinterfragen. Zum Beispiel fragt der Therapeut den Klienten ob er den Glauben ein Versager zu sein beweisen kann. Der Klient bekommt nun die Aufgabe anhand dieses Modells bis zur nächsten Sitzung seine problematischen Verhaltensweisen zu dokumentieren. Immer wenn diese auftreten soll er sich hinsetzten und sich diese und vor allem seine Bewertung dieser bewusst machen. Im laufe der weiteren Therapiesitzungen lernt er zunehmend negative Denkweisen zu hinterfragen In der Praxis führt dics dazu, dass der Klient sich in den Therapiesitzungen mit verschlossenen Augen eine belastende Situation vorstellt und die auftretenden Gedanken betrachtet. Danach verändert der der Klient durch das gezielte einsetzen positiver Gedanken die belastenden Gefühle. Nachdem der Klient diese Vorgehensweise beherrscht soll das gelernte nun im Alltag erprobt und angewendet werden. Der Klient wird feststellen, dass auch negative Erfahrungen aushaltbar sind. Beispielsweise bei Angst vor Ablehnung sich eine Situation aussuchen in der er sicher mit einer Ablehnung rechnen muss. Die dadurch gemachte Erfahrung, dass eine Ablehnung nichts schlimmes ist sondern dass er trotz allem den Mut hatte wird ihn weiter darin stärken andere Personen anzusprechen.

Dies alles setzt natürlich eine Atmosphäre des gegenseitigen Respekts voraus in der sich der Klient angenommen fühlt und auch er die Bereitschaft haben kann sich zu öffnen.

Inzwischen gibt es eine Reihe von Büchern, in denen es um die Vermittlung von kognitiv-verhaltenstherapeutisches Wissen als Möglichkeit zur Selbsthilfe oder besser noch als Ergänzung zur Therapie geht. Meist sind diese auch unter dem Begriff ABC-Modell zu finden.

Ein weiterer Inhalt der Therapie ist das kennen lernen der Bedingungen die zur Abhängigkeit geführt und im weiteren Verlauf diese aufrechterhalten haben. Es gibt hierfür sowohl eine neurobiologische, eine psychische wie auch einen psychosoziale Erklärung (siehe Markgraf).

Bei dem **neurobiologischen Modell** aktiviert der Alkohol als psychoaktive Substanz das Belohnungssystem im Gehirn, welches als angenehm empfunden wird. Normalerweise wird das Belohnungssystem durch die Botenstoffe beeinflusst. Diese Botenstoffe oder auch Neurotransmitter genannt sind u.a. Dopamin, Serotonin, Adrenalin.

Der Alkohol übernimmt nun die Funktion dieses Botenstoffes der für die Weiterleitung von Signalen im Gehirn verantwortlich ist. Da sich das Gehirn nun an den Botenstoff Alkohol gewöhnt hat drosselt es die

Produktion körpereigener Stoffe und baut diese mit zunehmendem Alkoholkonsum ab. Um dem Abbau entgegen zu wirken und die Wirkung auf das Belohnungssystems aufrecht zu erhalten ist nach und nach eine Zunahme des Suchtmittels erforderlich. Die Toleranz gegenüber dem Suchtmittels erhöht sich.

Beim Ausbleiben der Zufuhr von Alkohol wird somit das Belohnungssystem nicht mehr ausreichend bedient und das Verlangen nach dem Suchtstoff erhöht sich. Dieses starke Verlangen nach dem Suchtmittel wird als Craving bezeichnet.

Weitere wichtige Punkte bei der Betrachtung des neurobiologischen Modells sind das Suchtgedächtnis und die automatisierten Handlungen.

Beim Suchtgedächtnis handelt es sich um im Gehirn gespeicherte positive und negative Gefühle in Bezug auf ein bestimmtes Verhalten. Wenn nun beispielsweise ein Merkmal aus diesem Verhalten mit im späteren Umfeld auftretenden Ereignissen in Verbindung gebracht wird, kann dies zum Auslösen von positiven oder negativen Gefühlen in Bezug auf das aktuelle Verhalten führen. Diese Lust oder Ablehnung kann sich bei späteren ähnlichen Situationen wiederholen da sie dauerhaft im Gehirn gespeichert sind. Vor allem die positiven Erinnerungen an das frühere Trinkverhalten sind bei der Entstehung des Suchtgedächtnisses ausschlaggebend.

Bei den automatisierten Verhaltensweisen handelt es sich um ein Verhalten das sich durch eine Einübung und regelmäßige Durchführung automatisiert.

Beispielsweise ist dies beim Autofahren der Fall. Das Gasgeben, Kupplung drücken Schalten erfolgt nach einem automatisierten Muster. Beim Suchtverhalten kann dies zum einen sehr leist zum Rückfall führen beispielsweise beim Einkaufen wird an der Kasse automatisch ein Fläschchen mit Alkohol mitgenommen und dies vermutlich anschließend getrunken.

Automatische Verhaltensweisen können aber auch zum Entstehen von Suchtverlangen (Craving) führen, wenn das eingewöhnte Konsummuster aufgrund der gewollten Abstinenz nicht stattfindet.

Beim **psychischen Modell** was zum Entstehen einer Abhängigkeit führt spielt die Wirkung von Alkohol eine wichtige Rolle. Die gilt ebenso für den Konsum von anderen Suchtmitteln.

Alkohol kann unterschiedliche Wirkungen haben. Beispielsweise kann Alkohol eine entspannende, beruhigende aber auch eine stimulierende und enthemmende Wirkung haben. Somit kann Alkohol bewusst genutzt werden um bestimmte Situationen zu meistern aber auch um die eigene Person aufzuwerten. Somit erhält das Suchtmittel Alkohol eine hervorgehobene Funktion in vielen Bereichen des Lebens.

Das Trinkverhalten wird als **stimulierendes, leistungsbezogenes Trinken** beispielsweise zur Erhöhung des Selbstbewusstseins aber auch als **Stimmungsbezogenes Trinken** welches z. B. angstlösend und beruhigend wirken soll. Weiter kann das Trinken dazu dienen um sich leichter zu integrieren bzw. um Kontakte aufzubauen. Hier spricht man von **auf soziale Auswirkungen gerichtetes Trinken.** Der Konsum kann auch zur Selbstbelohnung oder aber auch als Symbol der Lebensfreude dienen. Hierbei werden **soziale Trinknormen** herangezogen. Sie dienen häufig dem Ausdruck der Lebensfreude.

Anlässe und Gründe warum Alkohol getrunken wird gibt es wohl unzählige.

Wichtig ist jedoch, dass der Konsum von Alkohol bei den Betroffenen dazu geführt hat, dass sie es vermieden haben alternative Bewältigungsstrategien zu entwickeln. In der Therapie erarbeiten die Betroffenen alternative Verhaltenshandlungen und üben diese ein, so dass zukünftig nich mehr auf die gewohnte Handlung, das Trinken, verzichtet werden kann.

Das dritte Modell, das **psychosoziale Modell**, legt den Schwerpunkt auf die Beziehung des Betroffenen mit seiner Umgebung. Der Alkoholkonsum wird hierbei als normal erachtet und wird demzufolge oft zur Entspannung am Feierabend oder auch im Freundeskreis gemeinsam konsumiert. Dass sich hier eine gestörte Trinkkultur entwickelt hat wird von dem Betroffenen und auch den Angehörigen nicht wahrgenommen. Im Laufe der Zeit kommt es hierbei zu einer Veränderung sowohl in der Familieninteraktion wie auch im Familienleben nach außen. Die betroffenen Familien ziehen sich aus dem gesellschaftlichen Leben zunehmend zurück. Innerhalb der Familie ändern sich die Strukturen dahingehend, dass der dem Abhängigen immer mehr Verantwortung entzogen bzw. diese von den restlichen Familienmitgliedern übernommen wird. Da Alkoholabhängige oft zu aggressivem Verhalten neigen, werden Konflikte innerhalb der betroffenen Familien nicht mehr angesprochen, aus Angst vor den Gewaltausbrüchen. Im weiteren Verlauf kommt es häufig zu Trennungen der Familie von dem

Alkoholkranken. Es erfolgt der soziale Abstieg des Betroffenen. Die früheren Freunde haben sich bereits distanziert, da der Betroffene sein sozialen Kontakte auf Trinkfreunde beschränkt. Er wird u.U. arbeitslos, da er den Anforderungen des beruflichen Alltags nicht mehr gerecht werden kann. Daraufhin verliert er womöglich seine Wohnung und rutscht in die Obdachlosigkeit ab. Der Weg ins soziale Abseits ist hier ohne Therapie nicht mehr aufzuhalten.

Zusammenfassend kann hier als Motivation zur Sucht das Ineinandergreifen der drei Modelle bzw. Teufelskreise, der neurobiologische, der psychische und der psychosoziale Teufelskreis gesehen werden. Die Schwerpunkte liegen hier jedoch bei den einzelnen Betroffenen in den unterschiedlichen Modellen. Die spezifische Suchtpersönlichkeit gibt es jedoch nicht, es kann somit jeden treffen. Jedoch hat sich gezeigt, dass sowohl Personen mit einer geringen sozialen Kompetenz anfälliger für eine Suchterkrabkung sind. Auch viel Stress in der Kindheit aber auch Probleme in der Reifung erhöhen die Gefahr einer späteren Suchtmittelabhängigkeit.

Die Motivation den Alkoholkonsum zu steigern wird durch frühkindliche psychosoziale Stressoren gesteigert. Die Nähe zu Alkohol in der Entwicklung von Jugendlichen vegünstigt das weitere Konsumverhalten. Somit erhöht sie die Motivation mehr zu trinken bzw. verringert diese etwas anderes zu tun.

Wie bereits beschrieben kommt es zu einer Veränderung des Belohnungssystems welches somit das Motivationsgeschehen beeinflusst.

Dies bedeutet, dass Sucht auch als Motivationskiller angesehen werden kann.

Sucht führt somit zu einer Demotivierung auf ganzer Linie!
Therapie 2

Wie bereits erwähnt lernt der Betroffene während der Therapie vor allem, dass er derjenige ist der Handeln muss. Er ist derjenige der die Auslöser, die sich mit der Zeit bei ihm automatisiert und jeweils zum Konsum geführt haben. Er lern sein Verhalten zu analysieren indem er die Konsumsituationen genau beschreibt. Diese Konsumsituation lässt zum einen sich in die verschiedene Merkmale wie Ort, anwesende Personen, Gegenstände, Gerüche, Geräusche, Alkohol unterteilen. Als nächstes werden hier die automatisierten Verhaltensweisen bzw. das Konsumverhalten betrachtet. Nun werden die Gedanken und Erinnerungen aber auch die Erwartung an die positive Wirkung des Alkohols betrachtet und zum Schluss die eigenen Gefühle, die Stimmung in der Situation und die Körperreaktionen wie Herzschlag, Gesichtsfarbe aber auch Anspannung oder Entspannung betrachtet.

Nachdem die einzelnen Merkmale analysiert wurden geht es nun zur Bewertung des Konsums. Hierbei wird unterschieden in kurzfristig positive und langfristig negative Wirkung. Beide werden wieder unterteilt in Gefühle, Gedanken, Beziehungen und Körper. Sowohl die kurzfristig positiven wie auch die langfristig negativen Wirkungen des Alkohols können den weiteren Konsum unterstützen.

Es gilt für jeden Patient herauszufinden welche Auslöser bei ihm eine Rolle spielen, die ihn zum Alkohol greifen lassen bzw. welche das Suchtverlangen auslösen.

Hinzu kommen die suchttypischen Gedanken und Einstellungen wie beispielsweise „Ich kann die Situation nicht ohne Alkohol bewältigen" oder" ich halte es ohne Alkohol nicht mehr aus. Diese Gedanken gilt es nun durch positive zu ersetzen. Beispielsweise „ich schaffe es auch ohne Alkohol". Natürlich muss diese neue Denkweise erst eingeübt werden. Hierzu bedarf es zuerst dem Ausfindigmachen der suchttypischen Gedanken. Diese müssen erst als solche identifiziert werden. Wenn dies gelungen ist werden sie, wie oben gezeigt, durch abstinenzfördernde Gedanken ersetzt.

Zu den aufrechterhaltenden Komponenten in der Suchttherapie gehört es zudem den Umgang mit Risikosituationen. Diese müssen so genau wie möglich beschrieben werden. Also den Ort an dem sich der Betroffene befindet, die Gegenstände die er sieht, anwesende Personen, das eigene Verhalten sowie die Gefühle und körperlichen Empfindungen. Durch dieses Beschreiben kann die Situation besser eingeschätzt und somit auch besser bewältigt werden. Als Empfehlung für das Bewältigen von Risikosituationen ist das Besprechen eines Aufnahmegeräts mit einem Bewältigungstext oder das aufschreiben eines solchen. Diesen Text sollten die Betroffenen immer wieder anhören oder durchlesen.
Allgemein und auch Zusammenfassend gilt für das Aufrechterhalten der Abstinenz, dass diese von der Lebenssituation des Betroffenen abhängig ist. Bei einer Person die einen unausgewogenen Lebensstil führt ist die Rückfallgefährdung wesentlich höher als bei einer, bei der das Verhältnis zwischen unangenehmen, belastenden und angenehmen, regenerierenden Ereignissen stimmt. Wie bereits angesprochen ist die

Wahrscheinlichkeit eines Rückfalls auch von der Verfügbarkeit alternativer Bewältigungsformen ab. Betroffene Personen mit einer hohen Zuversicht in die eigenen Fähigkeiten und Fertigkeiten haben meist ein effektives Bewältigungsverhalten.

Ein wichtiger Punkt ist das ersetzen des Suchtmittels in den verschiedenen Lebensbereichen. Hierbei geht es um das Erkennen, welche Funktionen Alkohol in diesen einzelnen Bereichen hat und was ohne diesen fehlt. Es geht hierbei um die Bereiche wie Partnerschaft, Familie, Freundeskreis aber auch um Arbeit und Freizeitgestaltung. Kurz gesagt, was mache ich in der Zeit in der ich früher getrunken habe oder wie kann ich das Suchtmittel ersetzen.

Es geht hierbei um das Erarbeiten der eigenen Stärken und Resourcen.

Zum Schluß ist es für das Vorhaben der Stabilisierung der eigenen Abstinenz hilfreich sich Gedanken über die eigenen Werte zu machen.

Welche Werte waren bisher für mich wichtig und welche bezeichne ich davon weiter als wichtig bzw. nehme ich in mein zukünftiges Leben mit?

Welche Werte waren meiner Familie wichtig und welche werde ich von denen in mein zukünftiges Leben übernehmen?

Warum geht es mir ohne Alkohol gut?

Warum ging es mir mit Alkohol schlecht?

Zum Schluss die wohl wichtigste Frage :

Was oder wen möchte ich sehen wenn ich in zehn Jahren in den Spiegel sehe?

Der Rückfall oder wie bleibe ich trocken

Zum Glück ist es mir bis jetzt erspart geblieben einen Rückfall zu haben. Ich kenne aber einige, denen es nicht vergönnt war es ohne Rückfall zu schaffen trocken zu bleiben. Ich kenne auch einige, die es nicht geschafft haben überhaupt trocken zu bleiben und leider sind auch schon welche an der Krankheit verstorben.

Es ist für alle Alkoholiker zwingend notwendig sich mit dem Thema Rückfall auseinander zu setzen. Auch sollte das Thema Rückfall mit seinen Angehörigen besprochen werden.
Ich habe eine Zeitlang gebraucht bis ich über das Thema mit meinen Angehörigen gesprochen habe, sie dachten natürlich gleich ich hätte ein Problem und wäre etwas wackelig in meiner Trockenheit und haben sich im ersten Moment Sorgen gemacht. Aus diesem Grund hatte ich das Thema vorher auch vermieden. Alles war schließlich gut, ich hatte bewiesen, dass ich es ernst meine mit meiner Trockenheit und, dass mir alle wieder Vertrauen können. Aber es wäre vermessen zu denken Rückfall wäre für mich kein Thema. Alkoholismus ist nun mal eine chronische Krankheit, die, solange wir uns richtig verhalten, schläft und uns vorgaukelt es gäbe sie nicht mehr.

Ich nehme das Thema Rückfall sehr ernst. Die meisten Rückfälle geschehen meiner Meinung nach nicht bei schwerwiegenden Lebenskrisen, sondern weil man unachtsam wird. Je länger man trocken ist und sich stabil und sicher glaubt desto nachlässiger wird man auch mit seiner Achtsamkeit. Deshalb muss man sich immer wieder vor Augen halten was mit einem los ist und einige Grundregeln befolgen. Damit meine ich nicht, durch das Leben zu gehen und von morgens bis abends an die Krankheit zu denken und hoffen, dass alles gut geht, sondern die Krankheit in sein Leben zu integrieren und sich mit ihr arrangieren. Es ist wichtig darauf zu achten auch in Lebensmitteln auf Alkohol zu verzichten.

Warum das wichtig ist und was es mit unserem Suchtgedächtnis und unserem Belohnungszentrum auf sich hat, wird uns nachher Bernhard Krüger erklären.
Es ist unbedingt notwendig in einer Gaststätte nachzufragen ob in den Speisen Alkohol enthalten ist. Bei mir hat es lange gedauert, bis ich mich getraut habe dies konsequent einzuhalten. In der Anfangszeit meiner Trockenheit bestellte ich meistens Schnitzel mit Pommes, Steak mit Salat oder ähnliches was es so ohne Saucen gibt. Irgendwann war mir das zu doof und ich fing an zu fragen. Die Antworten waren meist dieser Art: „ Nein nur da wo es auf der Karte draufsteht......normalerweise" oder „ Nein, oder doch, aber nur ganz wenig, das ist aber verkocht". Gelegentlich habe ich auch schon Diskussionen mit Köchen geführt, die mir erklärt haben was wann verkocht und was für mich schädlich ist oder nicht.

Inzwischen habe ich festgestellt, dass die meisten Köche eine Grundsoße machen, die sie ordentlich mit Alkohol versetzen (Alkohol ist ein Geschmacksträger) und aus dieser Grundsoße dann ihre Varianten zaubern. Nach zwei bis drei Stunden Kochzeit ist immer noch 5 – 6 % des Alkohols übrig was reingeschüttet wurde, was Widerrum locker ausreicht um unser

Suchtgedächtnis zu aktivieren. Beim Einkaufen auf der Verpackung von Lebensmittel auf die Inhaltsstoffe zu schauen sollte zu einer Selbstverständlichkeit werden, testen sie es mal, sie werden sich wundern wo überall Alkohol drin ist.

Für mich ist eine weitere Grundregel, dass ich zu meiner Selbsthilfegruppe gehe und so etwas aktiv gegen meine Krankheit unternehme. Solange ich aktiv bin, viel über meine Krankheit weiß, nimmt mir das die Angst vor dieser komplizierten Krankheit und ich bin vorbereitet falls sie wieder aus ihrem Schlaf erwachen sollte.

Die Ursachen eines Rückfalles sind meistens eine Verkettung vieler ungünstiger Umstände. Einen hohen Anteil haben unangenehme Gefühlszustände wie, Angst, Gereiztheit, depressive Stimmungen und so weiter. Dazu kommen oft noch Schwierigkeiten im zwischenmenschlichen Bereich und sogenannte „Trinkverführungen". „Trinkverführungen" können durch Außenstehende entstehen, indem tatsächlich jemand aktiv probiert einen zu überreden doch mal wieder ein Gläschen zu probieren oder auch nur mal mit einem Schlückchen an Silvester anzustoßen. Es kann allerdings auch so etwas wie die Werbung im Fernsehen sein oder die Alkoholabteilung eines Supermarktes. Die eine Rückfallursache gibt es nicht. Je ausgewogener der Lebensstil ist und je besser die Erholungsmöglichkeiten vom Alltagsstress sind desto günstiger kann man die Umstände für sich gestalten, die einem Rückfall vorbeugen können.
Ein Rückfall kündigt sich nämlich immer vorher an, er findet sozusagen im Kopf statt. Wenn ich das erste

Glas trinke, ist der Rückfall schon vorher beschlossene Sache gewesen. Daher unterscheidet man auch zwischen einem Unfall oder Ausrutscher (wenn man versehentlich Alkohol in Lebensmitteln zu sich nimmt) und einem Rückfall. Bei einem Unfall fehlt die Gedankliche Vorbereitung und somit der Vorsatz. Daher sind die Konsequenzen nicht die selben wie die eines Rückfalls. Wenn man einem Rückfall nichts entgegensetzt ist man sehr schnell wieder in seinem altem Trinkverhalten, oft ist die Trinkmenge sogar höher als vorher.

Man muss den negativen Einflüssen, die einen Rückfall einleiten können entgegen wirken.

Ich bin aktiv in einer Selbsthilfegruppe und in der Suchtprävention tätig, dies ist eine wunderbare Therapie für mich und gibt meinen schlechten Erfahrungen mit der Sucht einen Sinn.

Auch das Schreiben dieses Buches trägt dazu bei meine Krankheit noch mal zu betrachten und mich zu hinterfragen, einiges aufzuarbeiten was gedanklich und ein wenig verstaubt in meinem Oberstübchen gelagert hat, es hilft meine Trockenheit zu festigen.

Nun, was tun wenn der Rückfall da ist? Die Wahrscheinlichkeit irgendwann mal einen Rückfall zu haben ist wohl höher, als ohne einen durchzumarschieren. Man sollte sofort aufhören zu trinken und jemanden kontaktieren wenn einem klar wird was da gerade passiert. Auf gar keinen Fall sollte man sich hinreisen lassen die Flasche leer zu trinken weil jetzt doch sowieso alles egal ist. Nicht ein paar Tage warten bis wieder das Treffen der Selbsthilfegruppe ist, bis dahin kann es zu spät sein. In der Therapie mussten (durften) wir einen Notfallpass basteln. Damals fand ich das sehr kindisch, heute finde ich die Idee wunderbar.

In dem Pass haben wir alles aufgeführt, was wir zu tun gedenken wenn sich ein Rückfall anbahnt. In meinem Pass waren zwei Telefonnummern, bei denen ich mir sicher war, dass ich die dazugehörenden Menschen auch Tag und Nacht anrufen kann. Außerdem hatte ich mir eine Liste gemacht die ich einfach „abarbeiten" kann wenn ich sie brauche. Punkt 1: die Situation verlassen, Punkt2: Telefonieren, Punkt 3: Ablenkung suchen, Punkt 4: viel Wasser trinken usw..

Wenn die Liste durch ist, ist der erste Saufdruck oft schon vorbei.

Wenn das alles nicht geholfen hat, sollte man unbedingt reflektieren warum es zu einem Rückfall gekommen ist um aus dem Rückfall lernen zu können. Das sollte man mangels Objektivität allerdings nicht alleine machen.

Ein Rückfall gehört durchaus zum Krankheitsbild und bedeutet nicht, dass ein Rückfälliger ein „schwächerer" Alkoholiker ist als einer, der das Glück hat es ohne Rückfall zu schaffen.

Daher ist es ja so wichtig mit seinen Angehörigen über das Thema zu reden und mit ihnen einen Plan auszuarbeiten, man braucht unbedingt Menschen die Bescheid wissen damit man sich nicht schämt sich ihnen anzuvertrauen und um ihre Hilfe zu bitten. Sonst ist man bald wieder in der Heimlichkeit der Sucht und ein Schritt näher an seinem alten Suchtverhalten.

Offenheit und Ehrlichkeit, hauptsächlich zu sich selbst, ist sehr wichtig um sich seine Trockenheit dauerhaft zu bewahren.

Rückfallgefahr/ Suchtgedächtnis

Die Rückfallrate bei trockenen Alkoholikern ist vor allem in den ersten 6 Monaten nach der Entwöhnungsbehandlung sehr hoch. Im laufe des ersten Jahres verringert sich die Rückfallgefahr zunehmend. Interessanterweise steigt sie nach ca. 1,5 Jahren wieder an bevor sie danach monatlich bzw. jährlich abnimmt. Im vierten Jahr liegt die Rückfallhäufigkeit dann noch bei ca. 4 % bzw. im gesamten Zeitraum seit der Therapie bis nach 4 Jahren bei 54 %. [6,7]

Im Vergleich hierzu liegt die Rückfallgefahr bei Personen die lediglich eine Entgiftungsbehandlung gemacht haben, also keine Therapie, im 1. Jahr bei ca. 76 %. [8]

Dies zeigt klar auf, dass eine Rückfallgefahr für betroffene nach erfolgreich abgeschlossener Therapie deutlich geringer ist als bei denen die keine Therapie angetreten sind bzw. die nur eine Entgiftungsbehandlung abgeschlossen haben.

Diese hohe Rate an Rückfällen hat als Ursache u.a. das Vorhandensein eines Suchtgedächtnisses. Dies bedeutet, dass bestimmte Teile im Gehirn durch die Sucht beeinflusst werden. Der Konsum von Alkohol führt hier zu Ausschüttung der Botenstoffe wie beispielsweise Dopamin und dem morphinähnlichen Endorphin. Durch diese Beeinflussung durch den Alkohol und die damit empfundenen positiven Gefühle bildet sich das so genannte Suchtgedächtnis.

Suchtgedächtnis bedeutet somit eine Erinnerung an die positive Wirkung des Alkohols, selbst wenn diese einmal aufgrund auftretender negativer Gefühle beeinträchtigt wurde. Das Suchtgedächtnis aktiviert sich im laufe der Zeit nicht mehr alleine durch das Vorstellen des Konsums sondern auch durch andere mit dem Konsum zusammenhängender Reize bzw. Eindrücken. So kann es vorkommen dass bei einem trockenen Alkoholiker die Weingläser auf dem Tisch oder auch das Aufsuchen bestimmter Orte das Suchtgedächtnis aktivieren und dadurch die Rückfallgefahr zunimmt.

Co-Abhängigkeit

Den Begriff Co – Abhängigkeit finde ich etwas Irreführend, zumindest auf den ersten Blick. Oft habe ich erlebt, dass Angehörige etwas empört reagieren wenn man sie auf ihre Co – Abhängigkeit anspricht. „Wieso Co- Abhängig, ich habe doch nicht gesoffen", Sätze wie dieser oder ähnliche sind typische Reaktionen. Co – Abhängigkeit sind krankmachende Verhaltensweisen, die man sich aneignet wenn man mit Süchtigen in einer Beziehung steht. Dies kann der Lebenspartner, die Kinder, Verwandte, aber auch Arbeitskollegen und Freunde betreffen.
Fachleute nennen es ein Problem- und Lebensbewältigungsmuster, das in der Interaktion mit einer Suchtkranken Person entwickelt wird.
Viele Merkmale der Abhängigkeit und der Co – Abhängigkeit sind sich sehr ähnlich.
In beiden Fällen verliert man immer mehr sein Selbstwertgefühl, Gefühle werden immer mehr unterdrückt. Irgendwann verliert man den Bezug zur Realität und konzentriert sich immer mehr auf seine entwickelten Abwehr und Schutzmechanismen. Das heißt es wird eine Scheinwelt gegenüber der Gesellschaft aufgebaut um den Schein zu wahren. Daraus entsteht Isolation und Einsamkeit. Der süchtige wird immer passiver und der Co – Abhängige immer aktiver im Kampf um die Kontrolle. Das kann für den Co – Abhängigen durchaus Zeitweise ein Gewinn sein, in dem er aufgeht in der Fürsorge, persönliche Bestätigung und Machtzuwachs bekommt. Doch wie bei der Sucht auch werden sich alle scheinbar positiven Auswirkungen früher oder später ins negative entwickeln und sich Krankmachend auswirken.

Co – Abhängigkeit sollte selbstverständlich auch therapiert werden, leider ist es bis jetzt noch nicht offiziell als Krankheit anerkannt. Man spricht dann vielmehr von einer Persönlichkeitsstörung.

Durch die Co- Abhängigkeit werden Suchtprobleme lange verharmlost, dem Suchtkranken wird Verantwortung abgenommen, dadurch wird er geschont und das hilft nicht sondern wirkt sich suchtverlängernd aus.

So nebenbei bemerkt, es ist in den meisten Fällen noch schwieriger bei Co – Abhängigen eine Krankheitseinsicht herbeizuführen als bei den Süchtigen selbst.

Eine gute Möglichkeit für Angehörige sich mit ihrer Co – Abhängigkeit auseinander zu setzen ist der Besuch einer Selbsthilfegruppe gemeinsam mit dem Betroffenen oder auch alleine in einer Gruppe für Angehörige.

Auch hier gilt, beißt Euch da nicht alleine durch, das bringt nichts.

Mein Suchtleben, Katastrophe oder doch auch Gewinn? „Erkenntnisse eines trockenen Alkis"

Ich würde alles wieder genauso machen und bereue nichts, auch so ein Standardspruch meiner Vergangenheit. Aber so ganz unwahr ist er gar nicht. Natürlich bereue ich ganz viele Dinge, die anders besser laufen hätten können, aber wenn alles nicht genau so passiert wäre, was wäre dann?

Ich denke ich hatte bei allem Elend die Chance neu Anzufangen und hatte das große Glück, dass ich es verstanden habe, wie man diese Chance nutzt.

Ich hätte heute nicht dieses tolle, aufregende, glückliche, und zufriedene Leben, wenn alles nicht genauso passiert wäre wie es passiert ist.

Ich durfte wieder neu lernen, wie das Leben funktioniert. Ich durfte lernen wie man sein Leben in bestimmte Bahnen lenken kann.

Ich hätte natürlich sehr gerne meiner Familie und vor allem meiner Frau das alles erspart und würde einiges rückgängig machen wollen, wenn ich es könnte. Ich bin sehr dankbar, dass mir meine Familie noch nie etwas vorgeworfen hat und sie es mir leicht machen das ganze positiv sehen zu können.

Sie wissen wohl auch, dass mein verhalten während meiner „nassen" Zeit von der Sucht gesteuert wurde und vieles einfach zum Krankheitsbild gehört.

Ich weiß das natürlich auch, hatte aber eine sehr lange Zeit ziemlich mit Schuldgefühlen zu kämpfen und bin auch heute noch nicht ganz frei davon.

Unterm Strich würde ich sagen, die Krankheit ist doch irgendwie auch ein Gewinn für mich.

Außerdem habe ich festgestellt , mit jeder Bewältigung von schweren Situation und da gab es schon einige in unserem Leben, wird man etwas milder mit sich, etwas zufriedener mit dem was man hat und auch etwas stärker. Letztes Jahr hat unser   Haus gebrannt und es war nicht mehr bewohnbar, mit so einer Situation wäre ich früher nicht klar gekommen, heute ist ein Haus nicht mehr so wichtig, es wurde wieder aufgebaut, wichtig ist das alle das Haus gesund verlassen konnten, nur das zählt.   Die Wichtigkeiten im Leben beschränken sich auf das wesentliche.

Mit diesem Kapitel möchte ich auch gerne dieses Büchlein über mich und die Sucht enden lassen, wohl wissend, dass ich ganz viel vergessen habe zu erzählen, einiges vielleicht nicht so besonders formuliert habe und mir noch ganz viel einfallen wird wenn das Buch gedruckt ist.

Ich bedanke mich ganz besonders bei meinem Freund Bernhard Krüger, dass er dieses Buch mit mir geschrieben hat und mir ein guter und unkomplizierter Freund ist.

Quellenverzeichnis:

1 Bandura 1969
2 Arend 1994
3 Bartling et al. 1992
4 Becker et al. 1997
5 Grawe 1994
6 Beck 1997
6 Küfner 1988
7 Funke 2001
8 Veltrup 1995
10, 11, 12 Krüger 2010

Bernhard Krüger: Sozialtherapeut (Sucht), Diplom-Sozialpädagoge (FH), psychotherapeutischer Heilpraktiker und Hypnosetherapeut ist durch seine mehrjährige Tätigkeit in der Suchtkrankenhilfe mit dem mit dem Thema bestens vertraut.

Markus Rack: Landschaftsgärtner, Mechatroniker, Fachkraft für betriebliche Suchtprävention, Maler und Bildhauer, schlechter Musiker, aber vor allem trockener Alkoholiker. Er ist Ehrenamtlich in der Suchtselbsthilfe und Suchtprävention tätig.